孙广波 —— 著

学导式教学

学会学习的教学范式

核心素养导向的课堂教学丛书

杨四耕主编

华东师范大学出版社

图书在版编目（CIP）数据

学导式教学：学会学习的教学范式/孙广波著.——
上海：华东师范大学出版社，2020
（核心素养导向的课堂教学丛书）
ISBN 978-7-5760-0278-2

Ⅰ.①学… Ⅱ.①孙… Ⅲ.①课程—教学研究—初中
Ⅳ.①G632.3

中国版本图书馆 CIP 数据核字（2020）第 090296 号

核心素养导向的课堂教学丛书

学导式教学：学会学习的教学范式

丛书主编　杨四耕
著　　者　孙广波
责任编辑　刘　佳
项目编辑　林青荻
特约编辑　刘玉华
责任校对　张佳妮　时东明
装帧设计　卢晓红

出版发行　华东师范大学出版社
社　　址　上海市中山北路 3663 号　邮编 200062
网　　址　www.ecnupress.com.cn
电　　话　021-60821666　行政传真 021-62572105
客服电话　021-62865537　门市（邮购）电话 021-62869887
地　　址　上海市中山北路 3663 号华东师范大学校内先锋路口
网　　店　http://hdsdcbs.tmall.com/

印　刷　者　上海展强印刷有限公司
开　　本　787×1092　16 开
印　　张　13.25
字　　数　193 千字
版　　次　2020 年 7 月第 1 版
印　　次　2022 年 7 月第 3 次
书　　号　ISBN 978-7-5760-0278-2
定　　价　42.00 元

出 版 人　王　焰

（如发现本版图书有印订质量问题，请寄回本社客服中心调换或电话 021-62865537 联系）

洞见改革

回望轰轰烈烈的课堂教学改革，我们依然可以欢呼，仍然可以雀跃，但我们更需要理性的回望和深刻的祈祷。

不是么？我们的课堂教学改革虽然取得了卓著的成效，但也出现了不少观念的误识和实践的误区。我们能否真正面对与合理消解这些问题，将直接影响课堂教学改革的纵深推进。

维特根斯坦指出："洞见或透识隐藏于深处的棘手问题是艰难的，因为如果只是把握这一棘手问题的表层，它就会维持原状，仍然得不到解决。因此，必须把它'连根拔起'，使它彻底地暴露出来；这就要求我们开始以一种新的方式来思考。这一变化具有着决定意义，……难以确立的正是这种新的思维方式。一旦新的思维方式得以确立，旧的问题就会消失；实际上人们很难再意识到这些旧的问题。因为这些问题是与我们的表达方式相伴随的，一旦我们用一种新的形式来表达自己的观点，旧的问题就会连同旧的语言外套一起被抛弃。"面对核心素养时代，我们的课堂教学改革有必要确立新的思维方式，并借此洞悉困扰我们的"棘手问题"。

改革不是一种风潮，而是一种使命。当下，跟风式改革仍然盛行，如深度学习、项目学习、STEAM……见样学样，不停跟风，显现出一派繁荣景象。不少所谓的教学改革只是在形式上做文章，有教条主义的嫌疑；不少课堂深陷应试泥潭，既不教人文，亦无关精神，甚至连知识也谈不上，而是"扎扎实实"地搞成了教考，把考试当作课堂教学改革的使命。教育改革的真正使命是什么？我们应秉持怎样的立场推进课堂教学改革？2014年，教育部颁布《关于全面深化课程改革　落实立德树人根本任务的意见》。这份文件指出：立德树人是课程改革的根本任务，核心素养培育是课程改革的核心价值。这便是我们的使命。使命需要执著，执著就是美德。细细品味维特根斯坦的这句话也许会有所助益："当一切有意义的科学问题已被回答的时候,人生的诸问题仍然完全未被触及。"课堂教学改革的全部使命便是触及人生问题并给予某种实质性的回答,从而使"立德树人"落到实处。

改革不是一个口号,而是一种立场。层出不穷的口号、花样频出的概念,已然是当下学校变革的常态。不少学校把玩弄概念作为改革,把提口号当成改革,以学定教、先学后教、翻转课堂……热词涌起,名句不断。当我们把改革看成一个概念、一个口号的时候,我们已经远离了改革。改革是一种立场,一种有思考的尝试,一种为着根的事业而不断探索的精神。维特根斯坦说:"一种表述只有在生活之流中才有意义。"可以说,如果我们能把自己的立场安放在特定的概念或口号里,秉持有立场的变革,那将是对维特根斯坦的一种慰藉。

改革不是一张蓝图,而是一种责任。加拿大学者迈克尔·富兰说:"变革是一项旅程,而不是一张蓝图。"毫无疑问,改革需要蓝图,需要理性设计,但蓝图不是改革本身。奥托·魏宁格有一句令人心动的话:"逻辑与伦理在本质上是相同的。它们不是别的,而正是对自我的责任。"改革是一种责任,是一种对未来负责的精神。联合国教科文组织提出了 21 世纪教育的四大支柱:学会认知、学会做事、学会共处、学会生存。其中,学会认知是步入未来社会的通行证:观察、阅读、倾听、书写、交流、多样化表达、分析、综合、推理……学会做事是适应知识经济时代的必然选择:专注、善于发现问题、善于尝试、目标准确、身体力行、全力以赴、勇于面对现实、直面困难、不惧失败……学会共处是顺应全球化时代的需要:人际感受能力、人际理解力、人际想象力、风度与表达力、合作能力与协调能力、决策能力、沟通能力;懂得尊重、善于理解、换位思考、勇于担当、积极配合;而学会生存则是对做人品质的完善:适应能力、交往能力、管理能力、动手能力、创新能力、竞争能力;促进自我实现、丰富人格特质、担当与责任承诺、接受改变、适应改变、积极改变、引导改变……应该说,这些都是核心素养时代课堂教学改革的责任。

改革不是一场革命,而是一种态度。我们为什么需要改革?是因为有糟糕的现实摆在眼前,我们必须清除它。我们如何改革?通过雷厉风行的方式彻底改革吗?我们知道,对于理想化的东西,改革者很容易接受,并习惯于用理想的丰满来衡量现实的骨感,用理想的光滑来评判现实的粗糙。在理想观照下,现实是一无是处的,是必须摈弃的。正是基于这种认识,改革者很容易接受这样的观点:通过暴风骤雨式的"革命"来实现美好的改革目标。著名教学论专家王策三先生指出：任何教学改革都不是"一蹴而就的，也不是几年、十几年、几十年短期实现的，更不是以'革命'方式达成的"。改革是一种态度，一种持续改变现状的态度，一种朝向美好的态度，一种渐进探索的态度。

改革不是一个事件，而是一项旅程。吉纳·霍尔认为，变革的首要原则是把变革看作"是一个过程，而不是一次事件"。当我们把改革看成是一个事件，这意味着，改革可以在短期内取得成功；如此，改革尚未真正推进，我们便急着推出新的改革。面对一系列的政策性号召与行政命令，一些地方与学校常常是积极参与，往往在短时间内就会涌现出大量的改革成果，不少地方和学校还会举办各种各样的经验交流会。然而，在热闹的背后，却存在着虚假的繁荣：应付改革，鲁莽冒进现象时有发生。改革其实是一项旅程，一项迈向合理性的旅程，一项不断面对问题、思考问题、解决问题的旅程。课堂教学改革无法速成，只能渐进摸索；课堂教学改革也无法一次性完成，它永远在路上。

改革不是一条直线，而是一种智慧。对改革的简单化认识，缺少对改革形态丰富性、过程复杂性的理解，会让改革陷入迷茫。吉纳·霍尔说："变革，不是某位领导发表一次演讲，或在8月份为教师举行两天短期培训，或向学校提供新课程或新技术，就能一蹴而就、获得成功的。相反，变革是一个过程，在这个过程中，个人、组织机构逐渐理解了新事物、新方法，并且在运用它们时愈益熟练和有技巧。"无数经验证明，课堂教学改革是一个逐步推进的过程，而不是一条直线，其中往往包含着复杂性、随机性和偶然性，它需要理性和智慧。对此，迈克尔·富兰说：变革"好比一次有计划的旅程，和一伙叛变的水手在一只漏水的船上，驶进了没有海图的水域"。可见，课堂教学改革不是"种豆得豆、种瓜得瓜"的简单逻辑，而是一个多因子、多变量、多可能的复杂交织过程。没有"直接拿来"的理论与模式可以套用，改革需要我们自己的原创理论和实践智慧。

改革不是一个目的，而是一种创造。把改革作为目的，为改革而改革，这不是我们的应然取向。有人说："未来不是我们要去的地方，而是我们要创造的地方。"课堂教学改革，可以是突破陈规、大胆探索的思想观念，也可以是自强不息、锐意进取的精神状态，还可以是奋勇争先、不甘落后的使命感。华罗庚说："如果没有独创精神，不去探索更新的途径，只是跟着别人的脚印走路，也总会落伍别人一步；要想赶过别人，非有独创精力不可。"我们今天创造怎样的课堂，就意味着我们在培育怎样的未来。当我们创造知识型课堂的时候，我们就是在塑造复制与服从的未来；当我们创造素养型课堂的时候，我们就是在选择美好与灿烂的生活。教育的价值在于生命意义的提升，在于学习价值的锤炼，而不在于知识的牢固掌握和大量累积。雨果说："已经创造出来的东西比起有待创造的东西来说，是微不足道的。"的确，有待创造的东西只能靠学生在生命化实践和实际生活中去创造。因此，在某种意义上，改革不是一个固定目标，而是一个创造，一个基于实验的生命创造和素养提升过程。

改革不是一种形式，而是一种深度。虽然改革之声不断，但我们的课堂教学改革总体上并无实质性进展，"素质教育轰轰烈烈，应试教育扎扎实实"仍然是中小学课堂教学的主流表现。围绕着教材，问题学习、项目学习、单元教学、作业设计、听评课……都被冠以改革之名。联合国教科文组织在《学会生存》这一报告中曾警告说："教育具有开发创造精神和窒息创造精神这样双重的力量。"大量事实表明，以反复操练为表征的知识教育严重地窒息着年轻一代的创造精神，阻碍着社会进步。教育的核心价值不应该只是盯着知识，而应在于培养有智慧的人。唯有培养有智慧的人，我们才能足以应对不断变化的社会。二百多年前，德国就有如此教育宣言："教育的目的，不是培养人们适应传统的世界，不是着眼于实用性的知识和技能，而要去唤醒学生的力量，培养他们自我学习的主动性、抽象的归纳力和理解力，以便使他们在目前无法预料的种种未来局势中，自我做出有意义的选择。"当前，课堂教学改革最重要的一步，就是要从知识至上的泥潭中跳出来，义无反顾地迈向关注生长的素养时代。

总之，改革不是自负的概念翻新与宣示，而是崭新观念的建构与实践。面对核心素养时代，我们应少些"看客"，多些"创客"，不断洞悉隐藏于深处的棘手问题，在不断追问中创造属于我们自己的精神世界。这或许就是"核心素养导向的课堂教学丛书"之初衷。

杨四耕

2019 年 6 月 9 日于上海市教育科学研究院

目录

一般来说，学习有三种状态：首先得想学，表现为学生是否用功、努力、认真；其次要能学，取决于教师如何为学生提供学习支撑等；最后还要会学，表现为学习方法好不好，学习效率高不高，是事半功倍，还是事倍功半。因此，想学是前提，能学是翘板，会学才是目标。

第二章 以学定教：学导式教学的姿态 / 55

教学是师生双向活动，从学生出发，以学生发展为归宿。教学的主角是学生，为此，要取得良好的教学效果，教师必须了解学生的学情，根据学情制定教学计划，确定教学策略，这是取得良好教学效果的前提。不了解学生，不了解学情的教学一定是无的放矢，不会达到预期的目的。

第三章 先学后教：学导式教学的魅力 / 87

教学是建立在一定基础上的师生双向活动，学习不应该是建立在一张白纸基础之上的，而必须使学生在学习前先了解所要学的内容，了解学习中要遇到的问题，学生必须具有一定的学习基础，这样才能为自己的学习过程做好铺垫和预设，这样，在进入学习过程后，才可以有的放矢，有针对性地学习。要做到这一点，就必须重视学生的预习，先学后教。

第四章 以教导学：学导式教学的智慧 / 115

以教导学是教师主导学生学习的教学过程，贯穿于课堂上的启发教学、课间的合作学习和课后的作业设计等方面。教学过程中教师处于主导地位，学生处于主体地位，教学的最终目标是"学"。教学过程的"教"与"学"是不可分割的一个整体。

第五章 以学评教：学导式教学的张力 / 141

教学是教师与学生的双向活动，教师的对象就是学生，可以讲，学生不仅是教学过程的学习者，同时也是教学过程，教师教学工作最有力的评判者，对教师的教学工作最有发言权的就应该是学生。作为学校管理者必须注意倾听学生的声音。

第六章　学高于教：学导式教学的回归

学高于教是让教师走向学生,促进学生健康成长;是以教研促进教学,有效提升教学质量;是以评促教,建立优质高效的课堂教学评估标准;是以导促学,让每一位学生抬起头来走路。

总论　引导学生进入真学习的境界

追求教学品质是学校教学的共同追求,也是课程改革的重要目标,更是促进学生发展、教师发展、学校内涵式发展的必然要求。然而,在当前的学校教学实践中,仍然存在教师教得辛苦、学生学得也不轻松,质量又不高的问题,因此,提高课堂教学的有效性就成为课程与教学改革的核心课题之一。

近几年来,上海市惠民中学办学效果显著。学校与上海市曲艺家协会签约共建上海市第一个学生曲艺教育基地,成功承办了上海市首届学生曲艺节。2016年学校被评为"上海市中华优秀传统文化研习暨非遗进校园优秀传习基地",成为杨浦区的"新优质学校"。

一、学导式教学之缘起

课堂是教学的主阵地,是提高教育质量的关键所在。要提高教学质量,我们必须改变现有的这种缺乏生命活力的、僵化的课堂教学模式。

课堂教学是教师组织和引导学生进行有效学习的过程,是师生协作,共同实现具体发展目标的过程。就我校而言,面对"减负增效"的新形势和新要求,教师的教学遇到了许多问题、困惑和挑战,课堂教学中存在的主要问题表现在:教师的教学观念和课堂教学方式与教学发展不相适应。反馈的方式和效能在课堂教学中体现不够合理、不够到位。课堂教学效益不高,教师课堂及时反馈意识和能力不强;课堂教学气氛沉闷,方法简单,容量不足,过程乏味,效果低微。教师凭陈旧的教学模式施教,课堂上老师讲的太多,大多数学生没有话语权、表达权,只有少数优秀的学生跟得上,大部分中下水平的学生跟不上。学生跟不上老师课堂内容的进度,对自己的学习行为缺少自主调控,内在学习动力不能被激发,久而久之学习的主动性和积极性受到抑制,随着年级段的升高,内在的学习动力渐渐消磨殆尽,学生的能力系统遭到破坏,厌学心理自然增生,学生学习的效果则表现出低效或无效。

针对我校课堂教学的现状,教研组进行多方位的会诊,深化推进课程改革,积极探索"学导式教学"的实践研究,充分落实学生的主体地位,激发学生自信、自主、合作、探究的能力,努力实践高效教学,提高教育教学质量,逐步构建生本、和谐、高效教学模式。

二、学导式教学之价值

学导式教学的"学"是指学生的学习;"导"是指教师的教学与引导。我们主要研究教师的导学,利用学校小班化的特点,教师将讲、练、批、改、评几个环节紧密结合在一起,时刻关注学生,使学生的学习始终处于高效的状态。在此基础上,研究课堂中的即时评价,即通过课堂提问和随堂检测的形式反馈教师的教与学生学的达成度。教学过程的组织与优化往往表现为课堂教学反馈的畅通和丰富。教师通过课堂反馈,观察自己的教学活动,从而进行必要的修正和调整;对学生而言,他们也要从教师那里获得有关自己学习行为及其效果的反馈,及时修正或调整自己的学习方法及方式。

通过教师的课堂教学,学生获得了具体的进步或发展。也就是说,学生有无进步或发展是教学是否有效的唯一指标。如果学生学得很辛苦,但没有得到应有的发展,就是无效或低效教学。

学导式教学中的各要素是相互制约、相辅相成的关系。"学导合一"课堂教学,是在和谐教学整体建构的教学思想和建构主义、系统论教育理论的指导下,教师教学活动诸要素依据一定教学目标、教学内容及学生认知特点,所形成的一种稳定而又简约化的教学结构。也就是按照一定的教育思想、理论组织起来的教学活动的过程,它是教育思想、教学理论、学习理论的集中体现。

课堂教学模式是一个永恒的课题,尽管在国内外涉及和研究的很多,但它又是一个动态的需要不断探索的课题。从课题确立和内容选择到组织实施不是一个单向一维的过程,而是一个基于教师不断实践反思基础上的不断修正完善的过

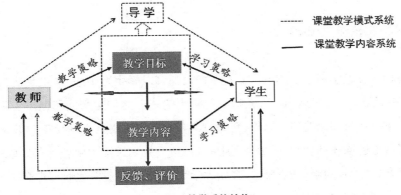

图 1 教学系统结构

程。同时,课题的确定也不是一个纯文本的、固定的东西,而是随着课题的实施而不断地修正完善的过程。本课题的研究可以帮助我们从课堂教学模式上综合地认识和探索我校课堂教学过程中各种因素之间的相互作用,以及多样化的表现形态。其有利于从动态上把握教育教学过程的本质和规律,特别是可以作为我校对课堂教学模式的研究中的有理性、有利性和有效性方面的论证、探索与检验,也为我校课堂教学模式的探索、学生的个性发展、教师专业发展、学校特色建设开拓出一条可行性道路。因而本课题的理论研究既具有现实性的特点,又具有超前性的特点,有较大的理论和实践价值。

通过"学导合一"效能课堂的创建,促进学校内涵发展和优质发展,有利于优化教学环境,促进师生的和谐发展,实现教学效益的最大化。"学导合一"效能课堂的成功构建将成为学校发展的动力,有助于提高教学质量,实现内涵发展,提升办学品质,也为集团学校探索新的教学模式提供了一个鲜活的案例。

通过"学导合一"效能课堂的创建,促进教师改进教学行为和方式。教师是课程改革的主力军,通过"学导合一"效能课堂的建设,更新与优化教师的教学理念,提升教师的专业素养,切实转变教师教学方式,改进教学行为。有效教学需要教师具有创新精神,并能进行持续的反思探究,不断生成自己的教育智慧。"学导合一"课堂程序的合理设计与运用,是实现有效教学的基础,有利于教师深度钻研教材、研究学情、提高教学业务能力,促进教师的专业发展。

三、学导式教学之依据

建构主义教学理论　建构主义教学理论强调以学生为中心,学生是认知的主体,是知识意义的主动建构者,教师只对学生的知识建构起帮助和促进作用。基于建构主义教学理论的核心思想,我国有学者对建构主义教学理论下的教学模式进行了概括性描述,例如:"以学生为中心,在整个教学过程中由教师起组织、指导和促进者的作用,利用情境、协作、会话等学习环境要素,充分发挥学生的主动性、积极性和首创精神,最终达到使学生有效地实现对当前所学知识的意义建构的目的。""在建构主义课堂上,教学模式不同于传统的'教师讲、学生听'的被动输入形式。课堂教学的焦点从教师转向学生,从关注知识的答案和结果转向关注学习过程,关注学生在学习过程中经验的积累和认知心理的变化。师生的关系、学生之间的关系是合作、平等、互动的。"

主体教育理论　主体教育理论特别强调的教育理念之一是:主体教育的近期目标是在教育过程中,通过培养学生的主体意识、主体能力和主体人格,发展和提高学生在教育活动中的能动性、自主性和创造性,使他们具有自我教育、自我管理、自我完善的能力,从而成为教育活动的主体和自我发展的主体。

差异教学理论　汤姆林森(Carol Ann Tomlinson)在其《多元能力课堂中的差异教学》一书中指出:"差异教学的核心思想是,将学生个别差异视为教学的组成要素,教学从学生不同的准备水平、兴趣和风格出发来设计差异的教学内容、过程与结果,最终促进所有学生在原有水平上得到应有的发展。"我国学者华国栋在其所著的《差异教学论》一书中指出:"差异教学是指在班集体教学中立足学生的个性差异,满足学生个别学习的需要,以促进每个学生在原有基础上得到充分的发展的教学模式。"

深化课程改革,要求坚持学生为本,以推进素质教育为目的,着重改变学生的学习方式,让课堂教学变为探索性、自主性、研究性的学习。新课程标准,明确摒弃传统的"注入式""操练式"的被动教法,主张合作互动,平等交流,自主探究的教学方法,要求课堂教学逐步走向民主,注重为学生创设一种和谐的气氛和宽松的环境。转变教学观,从教学生知识到教学生学,关注学生是否获得了真正的学习,实现"学导合一"教学是我们的追求。

"学导式教学"研究的是现代教学论体系内容。"学导式教学"论基础着重体现在以下几个方面:一是突出在学习活动中的主体价值和能动作用。认为学生不是被动、消极的客体,而是具有充分主动性的"自主人",其需要、动机、目的、意识、认知结构、能力、价值观等是学习的前提条件和决定因素。二是强调理解学生在学习中的重要地位,认为学生的意识是学习活动不可缺少的主要心理成分。同时认为,"理解"在人们适应环境、认识事物、创造未来方面有着重要作用,主要表现在理解性学习可以使人准确地把握事物的本质,规律和相互联系,从而对于知识既能记得准确而又牢固,还能用得迅速而又合理。三是关注学生学习活动中的准备状态,认为一个学生学习的效果不仅取决于外界的刺激,还依赖于自己的主观努力,更与一个人已有的知识水平、认知结构和非认知因素相关联,这种学习的准备程度,直接影响到学生学习的效率。四是注重感情对人学习活动的调控功能,认为人的学习与情感的变化和影响是密不可分的,作为学习主体的人,其学习活动离不开积极情感的激发、维持、强化和调控。五是提倡人的学习的创造性,认为学习者应该带着问题主动地学习,要抱着探索精神,在努力掌握现有知识的同时,力争在学习的过程中展现出丰富的创造性,即在学习活动中要有针对性地感知事物,有意识地在具有一定新意的想法上输入和加工知识,选择独特有效的学习方法,得出、掌握甚至发现对自己或他人来说新的思想和理论。六是主张对学习的积极评价,主要表现在评价目的、内容、形式和功能的积极性上。评价目的在于促进学习者的认知与非认知因素的充分、和谐、健康的发展;评价的形式表现多样化并突出自我评价;评价功能日益多元化、综合化。七是重视人际关系对学习的影响,一个人的良好人际关系有利于他的学习,反之就会严重阻碍他的学习。

四、学导式教学之思路

我们拓展了可推进的研究路径 课题研究依据"实践——认识——提升——再实践——再认识——再提升"的思路,通过调查并掌握学生自主学习能力的状况,分析影响学生自主学习能力的因素,探索在课堂教学中学生自主合作学习能力发展的具体方法,探索导学案的编写原则与方法,构建在课堂教学中培养学生自主学习能力的"学导合一"教学模式,寻求"学导"教学法的应用策略,并在实践中加以推广。

我校确立了可达成的研究目标 一是通过课题研究,使教师地位和角色发生根本性的转变。要从"主演"变为"导演",从"教学生知识"转向"教学生学习方法",从知识的传授者转向学生学习的组织者、引导者、评判者。提高研究学生、课程标准、教材、教学方法和学习方法的能力。从关注教学生知识到关注教学生学习方法,要求课堂以学生为中心,教学逐步走向民主,注重为学生创设一种自主学习、自主体验、和谐的环境。二是通过课题研究,培养学生"先自学"的意识和良好的学习习惯。注重培养学生课前预习的习惯、分析问题的品质、探究自学的思路、善于总结的方法。要求教师将预习作为课后作业的有机组成部分进行管理。课堂上应注重对学生预习情况的检查、反馈和指导,巩固和提升预习效果。注重培养学生主动、独立学习的习惯。引导学生明确学习目标和学习意义,形成自我导向、自我激励、自我监控的主动学习机制。培养学生不依赖教师和家长,能自主独立地选择学习内容和方法,确保学习进度;及时独立地进行复习和阶段复习;独立地对自己的学习情况进行总结和反思。注重培养学生同桌对学、前后桌"最近小组合"学习的习惯。三是通过课题研究,形成一系列的课堂评价制度。

我们采用了可操作的研究方法 主要有文献研究法、调查问卷法、个案研究法、经验总结法等办法,力求"回到事情本身",即从所要研究的事情出发。一是开展文献研究:研究国内外新的教育理论和教改发展动态,特别是建构主义教学理论与和谐教学整体建构思想,将其作用于教学实践,达成理论与实践的创新。借鉴已有的理论成果,支撑和构建本课题的理论框架和方法论,转变教学理念,调整教学思路。二是开展调查研究:调查教师教学和学生学习的现状,发现问题,确定操作变量。调查、总结、推广教师在运用及时反馈评价教学策略中拓展的新思路、运用的新方法、形成的新思想、取得的新经验。调查学生学习情况,为提高课堂教学效能提供依据,以便教师在实际操作中进行及时调整。三是开展行动研究:这是本课题的主要研究方法。力求将最新教育理论,根植于教学实践,解决研究中出现的新问题,边实践边总结边研究,及时反馈、修订行动方案,在行动中研究,在研究中行动。四是开展经验总结:总结以往教学模式在课堂中实践的经验为本课题所用,不断总结本课题实施过程中形成的经验成果,使教师掌握先进经验,在实践中运用,促进效能课堂的发展。

我们进行了长达八年的实践探究　我们的研究从 2012 年至 2019 年,历时八年,分三个阶段推进。第一阶段为初步探索时期。加强宣传、统一思想,加强学习,提高认识,确定课题和课题研究的方向,成立课题研究组织机构,认真进行课题设计论证,尤其对课题研究的必要性和重要性展开讨论,拟定实施方案,形成结论,完成开题报告,并充分认识和明确课题研究的背景、意义。对现行课堂进行会诊,认真分析课改背景,准确了解教情、学情,形成调研报告,确定适度的课改载体,科学地确定课改基点和初期试点年级、班级和学科。对初中学生的自学、互学、导学与反馈的理论认识与具体操作要点、操作程序等进行理论上的构思,形成探究框架。论证并完善课题研究方案。根据方案精神,分组讨论学科备课模式、高效教学基本要求,形成导学案框架模式,搜集先进的课改学习资料,编写形成解读方案的校本教材。组织进行试点启动工作。召开家长代表会,争取更多的社会团体、社会群众,关注、关心、支持课改发展。第二阶段是全面实施时期。借鉴外地先进的经验,结合学校实际边宣传、边实践、边推进、边总结。对被实施课题实践研究之前的本校的学生采用问卷测试等方式进行研究,进行实践操作,在各学科课堂教学中进行实施操作,反馈、修改教学措施,提升教学方法。中期汇报,对研究工作进行总结,请专家认证,检验阶段成果,提出修改、调整的方案。第三阶段是深入探究时期。学导合一的高效课堂模式在生成,通过反思总结达到超越自己的目的,真正形成具有自己的特色的课堂教学模式。这个过程充满了变数,需要根据课改的实际进程安排。在此基础上撰写研究报告,召开结题鉴定会,完成课题的总结工作,总结实施成果。本阶段成果形式为研究报告和有关课题经验汇编集。

我们遵循了实证性的研究原则　我校在实践探究中遵循的原则主要有:一是以学生为本的原则。坚持学生为本,将课堂的时间、课堂的空间、提问权、评议权交给学生,让学生产生学习的动力和参与的兴趣。二是因地制宜的原则。从学校目前课堂教学现状出发,充分考虑学生的实际生活知识现状、教师课堂教学能力以及知识结构、家长的知识素养等实际,有针对性、实效性地探究。三是发展性原则。着眼于人的发展,从整体育人的角度出发,优化培养目标,坚持以学生的可持续发展为宗旨,协调影响学生发展的各种因素,深入进行课堂教学模式的相应改革。四是前瞻性原则。不断获取前沿的教学理念,灵动性地开展课题研究。

五、学导式教学之实践

八年来,我校教师在学导式教学实践中尊重每一个学生的独特个性和具体生活,为每一个学生的充分发展创造空间。教师在教学过程中不仅考虑自己如何教,而且更多地考虑到学生要如何学,这是上海中考改革和深化课改的精髓。其着眼点在于如何调动学生的积极性、主动性和创造性,使全体学生积极主动地参与到教学过程中来,从而实现学生自主学习、合作学习和探究学习,发展和完善育人的目的。让学生先自学,然后通过学生的讨论、探索,使他们亲身参与课堂教学。这样就真正确立了学生在课堂上的主体地位,给学生提供了学习的条件和机会,以学生的思维活动为主体,发挥了学生的主动精神。把教学的重心从研究教材的教法上转变到研究学生的学法上,促使教师进行角色转换。在课堂上,教师从主演变为导演,走下讲台深入到学生中去,引导学生进入真学习的境界。

(一)建构"学导式教学"新模式

1."学导式教学"的内涵

学导式教学是突出"五个强调"的有效课堂教学样态:一是强调减少教师的"讲",教师讲授新课内容的时间要有效控制,而且根据具体的教学内容,教师要尽可能减少"讲"的时间;二是强调增加学生的"练",学生在课堂上"练"的时间要增加,通过"练"达到知识的当堂巩固;三是强调加强学生的"学",学生在教师的指导下在课堂上"自主学习"的时间要保证,通过对学生"学"的训练提高学生的学习能力;四是强调增强教师的"导",教师讲授新课内容不能采用"我讲你听"的方式完成,而应该是对学生通过自学、小组合作学习仍然不能解决的问题,在教师的指导下通过学生的生生互动、师生互动的方式完成新课知识内容的解决;五是强调突出课堂的"效",新课知识内容的巩固不能寄希望于学生在课后去完成,教师要增强知识巩固当堂过关的意识,立足于知识巩固的当堂过关组织课堂教学,切实提高课堂教学的有效性。

2."学导式教学"环节的开放

学导式教学课堂模式是一个对教学板块的基本划分,但并不是对板块的绝对要求。"学导合一"有效课堂教学模式由"学""导""练"三个板块组成，不能简单地理解为是课堂上绝对的三大独立板块，它可以是一堂课的三个板块，也可以是讲授某个知识点的三个环节。划分板块的目的，在于便于教师课堂教学的组织，突出课堂教学的重要环节，把课堂还给学生，凸显学生的主体地位，引导教师主导作用的发挥。"学导式教学"课堂模式是一个对时间相对量化的教学要求，但并不是对时间的机械要求。对时间的要求上既不能不量化也不能过于量化。教师应根据具体的教学内容科学地分配各环节的时间，通过对教学时间的有效控制提高课堂教学的有效性。

3. "学导式教学"教师角色的改变

学导式教学课堂模式旨在推动教师教学方式和学生学习方式的实质性改变，增强学生的学习能力，因此在课堂上教师要注意自己的教学职责和角色的转变。学生才是学习的主人，调动学生去学习，指导学生去学习，把学习的内容转化为学习的问题，降低学生学习的难度，帮助学生去解决问题，这些才是教师在课堂上的职责。因此，教师要把学习的时间还给学生，把学习的责任和权利还给学生，做到学生已经会了的内容教师不讲，学生自己能解决的问题教师不讲，学生通过生生互助能解决的问题教师不讲，最大限度减少教师"讲"的时间。对于学习的内容，教师应将其转化为学习的问题；教师在布置学生学习内容的时候，应同时呈现学生学习时需要解决的问题以及需要达到的学习目标，使学生的学习方向明确、问题具体、目标清晰。学生学习的内容和问题应尽最大可能让学生自己去解决，学生可以通过自学去解决问题，可以通过小组合作学习、生生互助去解决问题，可以通过教师引导下的集体讨论、生生互动去解决问题。教师在课堂上的角色更多的是学习内容的布置者、学习方向的提出者、学习方法的指导者、学习问题解决的组织者和引导者，学生在课堂上的角色由知识的接受者变为学习问题的解决者，有效落实学生学习的主体地位和教师教学的主导地位，增强学生的学习能力和可持续发展的能力。

（二）形成"学导式教学"新样态

1. 让课堂成为学生喜欢学习的地方

学校要求教师创新课堂教学模式，突出学生的主体地位，把课堂时间、课堂空间、提问的权利、评议的权利、学习的过程都还给学生，要体现启发式、参与式、研究式、案例式教学，倡导学生主动参与、乐于探索、勤于动手；注重因材施教，注重发挥学生的个性特长，引导学生不断增强自主学习的能力，让课堂成为学生喜欢的地方，成为学生放飞思维的地方。

2. 让课堂成为学生产生学习愿望的动力源泉

课堂教学模式主导：探索"压缩教时，激活学趣，共同体验，堂堂保质"的教学模式核心，通过改变教师的教学地位和方式，培养学生自主学习的习惯。坚持做到"学为主体、教为主导、疑为主轴、动为主线"。学为主体，就是把教室变成学习室。教为主导，就是把我们原来的教案变成"导学案"，把"教会学生"的过程，改变为依据课程标准和学习目标，引导学生掌握学习规律、获取知识的过程。疑为主轴，疑就是激发学生学习兴趣，使学生产生学习愿望的动力源泉。让"疑"贯穿于课堂教学的始终，让"疑"成为"学案导学"的主轴。课堂教学要围绕着"疑"，活动为主线，也就是学习目标，开展一系列扎实有效的学习活动。在"学案导学"过程中，我们要站在学生的角度，来精心安排学习活动，进一步提高教学的针对性和有效性。

3. 让课堂成为学生喜欢的"学堂"

我校课堂的主要活动动线是：引导学生自学——学生独立思考——学生之间讨论——学生交流评价。逐步让学生在课堂上完成作业，争取当天消化当天的学习任务。我校大力开展集体备课活动。备课的环节上，坚持个人领悟教材——集体备课——分工写教学案——骨干教师审查——修改教学案——生成共同教案——教师个人再备课——上课——课堂实情收集的集体备课制度，发挥集体的智慧，产生最佳导学案，在导学案中分离出互学导学案，供学生同桌对学、互学或前后桌组学。我校课堂展示主要有六个环节：预习检查、交流、明确目标——情景导入——自主学习、小小组讨论探究——展现提升——练习巩固——达标测评。

（三）编写"学导式教学"新学案

1. "学导式教学"学案体现"导学与诱思"

学案是"学导式教学"的载体，是学生自主学习和老师精讲点拨的依据。学案编写的质量如何，科学与否直接影响教师课堂教学的效率和学生学习的效果。因此，学校倡导教师在学案编写上下些功夫。学案决不仅仅是学习提纲，不是知识点的简单罗列,更不是练习题集,学案首先是学生自主学习的依据,其次是师生间围绕文本的对话,是师生共同参与的动态的学习过程。"导"是启迪之意,它是启发式教学的精髓。学案作为导学的载体,主要是通过问题来体现"导",这就要求学案中设计的问题,既要源于课本,又要有所深化和拓展,这样才能引导学生积极主动地进行思维;既要有难度,又要与学生的思维水平相吻合,达到"让学生跳一跳,摘果子"的目的。而"诱思"是指在学案中应设计一定的问题情境,创设的问题要能表现出较强的"磁性",促使学生产生悬念,吸引、诱导学生积极主动地探索知识。当然,要想发挥学案"诱思、探究"的优势,在编写高质量学案的同时,还应重视课堂上的导学,才能完美体现学案导学的优点。

2."学导式教学"学案体现"差异与分层"

导学的方式还与导学的对象有关。在学习过程中,学生中或多或少存在着知识和技能等方面的差异。因此,学案应根据学生的知识水平、潜在水平和表现水平之间的"最近发展区"来设计问题,实施分层诱导,即:对后进生宜创设低台阶、高密度的问题情境,层层递进以逐渐触及问题的实质;对中等生则应采取高台阶、跳跃式诱导;对优等生则应蜻蜓点水,仅点拨关键处。只有这样才能使每个层次的学生都得到训练和发展,真正做到面向全体学生。

3."学导式教学"学案体现"系统性与灵活性"

学案具有一定的系统性,尽可能建立一个知识的"感知——深化——运用——巩固"循序渐进的学习模式。学案中既要有知识的剖析、深化和拓展,又要有知识的迁移和运用。这样,才符合"循序渐进、以点带面"的学习规律,才能有效地提高教与学的质量和效果。对于复习学案的设计,除了要对知识进行比较、归纳和总结,使知识网络化、系统化外,还应该尽可能地挖掘各课节或各章节之间的隐性知识,注重知识的迁移以及与各学科之间的联系。学案还具有灵活性、多样性,不是呆板僵化的固定模式,设计具有一定灵活性的问题引导学生学习、诱发学生思考,培养学生思考问题、解决问题的能力。

(四)培养学生解决问题的新素养

1. 营造自主学习的"学导式课堂"

培养学生自主学习的能力,要营造宽松、民主、和谐的课堂,最大限度地保证学生的自主学习时间。看了就会的不讲,讲了也不会的不讲,这样就给了学生自主学习的时间;疑难问题由学生互动讨论、探究、得出结论,如果确实不能完成,教师要善于引导,给学生充足的思考问题的时间,一定要让学生有自主思考、自主分析、自主解决问题的时间。同时教师在教学中要灵活地运用教法,善于正确引导学生,避免启而不发的现象出现显得尤为重要。

2. 营造合作对话的"学导式课堂"

为了营造宽松、民主、和谐的课堂,要给予学生更多的是鼓励、尊重和信任,而不是责备。首先以赏识的心态倾听学生在课堂上的发言。倾听,是对人的尊重,对人的关爱,是一种对学生无言的影响。教师在教学中针对提出的问题经常有这样的话语:"同学们大胆发言,你的回答无论对错,很可能激起其他同学思维的火花。"教育学生,学习是个相互交流相互启发的过程,每个人都可以有不同的意见,而这些意见有的正确,有的不正确,这是很正常的。消除了心理障碍,课堂上学生就会产生一种愉悦感和愿意与老师、同学交流的心态。其次在教学中要摒弃"一言堂",积极贯彻教师在教学中是主导地位,学生是主体地位,坚持以学生为本的新课程理念。

3. 营造探究问题的"学导式课堂"

苏霍姆林斯基强调:"让每一个学生在学校里抬起头走路。"教师在教学中通过师生互动、生生互动环节,引导学生认真阅读教材中的图片、文字资料和精心设计的课件,让学生自己独立思考、分组讨论思考,以学生探究为主,教师引导为辅,集思广益,发扬民主。每一个认识、每一个问题结论的得出,都是由学生独立自主完成的,进而培养了学生自主合作探究解决问题的能力。学生问卷调查表明:以上策略的实施使得学生在学习时基本上做到了每一个认识、每一个结论的得出,都是由学生独立自主完成的。八成的学生具有了主动自主合作学习知识的能力,九成的学生有了主动提出问题并积极思考、解决问题的能力。

六、学导式教学之成效

(一)学生学习行为发生的改变

我校学生学习能力的前期调查情况分析表明:大多数学生认为上课主要是听

老师讲，没有必要课前预习，上课时老师给画一画、圈一圈，考前临时突击一下就行，没有主动学习的意识，反映出学生从思想上不重视预习、合作学习和自主学习。通过一系列的学导式教学以后，近期调查情况分析表明：多数学生认为课前预习给自己带来很大的帮助，课堂的合作学习也提高了学习效率。这反映出学生通过教师的培养，从思想上能够重视自主合作学习，转变了被动为主学习的观念，具有了自主学习的正确意识和态度。

我校坚持用"导学案"引导学生预习，培养了学生自主学习的能力。预习是学生学好科学文化知识不可缺少的重要环节，通过预习，学生能了解下一节课所学知识的概况，掌握部分简单知识，找出自己本课中存在的困惑，以便在课堂上学习时避轻就重，从而有目标、有重点地学习。现代心理学研究表明"任何学习都是学习者自主建构知识的过程"。为了培养学生自主预习的能力，各学科教师根据本学科特点，用"导学案"的形式设计下一节课所学目标，对学生进行预习指导。教师在课前收集导学案进行批阅，掌握学生对导学案中所涉及的概念、基本理论、课本中一些素材的处理和要求及学生收集的材料等情况，上课时分小组让学生自己展示预习完成情况。这样坚持训练并将预习要求、读书方法适时渗透，当学生对如何预习有一定的实践后，提纲逐步精简，最终让学生丢掉"导学案"的拐杖，自主认识和使用导学案，引导学生走上自主学习的道路，改变学生的学习方式。用"导学案"的目的是为了让学生养成预习的习惯，学会预习的方法，主动预习，最终不再使用"导学案"。

（二）教师教学行为发生的改变

教师转换了教学观念。以前的"满堂灌、一言堂"不见了，"教师一味地要求学生死记硬背应对考试，学生被动、被迫、被逼接受知识"的现象不存在了；取而代之的是教师想办法在教学中如何更好地发挥引导者、组织者、协调者、帮助者和朋友的作用。教师教学时坚持发挥教师主导作用和学生主体作用的教育观念，教学中从学生的学习生活实际、社会生活实际出发，联系教材，通过运用社会生活中的真实案例、故事，设计课件创设情境等激发学生的学习兴趣，引导学生在感知、感受、感动的全过程中产生情感上的共鸣，从而使学生带着对知识的渴求认真、主动学习，在不知不觉中接受知识，更新观念。

教师提升了教学能力。从学生的生活到学习以"精细化"管理为主，做到给学生一个空间，让他自己向前走；给学生一个问题，让他自己去思考；给学生一个情境，让他自己去体验；给学生一把尺子，让他自己去衡量；给学生一个对手，让他自己去竞争。引导和鼓励学生从点滴做起，从身边做起，从自我做起，亲身体验，亲身感受，从而形成良好的自主合作学习习惯。教师转变了教学行为，在运用"学导式"教学过程中做到"三个突出"：突出学生自主学习；突出教师精讲善导；突出知识当堂训练。教师教学方式发生"四个转变"：变"讲堂"为"学堂"；变"教案"为"导学案"；变"先教"为"先学"；变"现成"为"生成"。教师课堂教学关注"五个环节"：目标导学环节——激趣引入，板书课题，出示目标；自主学习环节——学案引导，读书圈点，提出问题；探究交流环节——检测学情，合作探究，更正讨论；归纳点拨环节——归纳知识，点拨难点，生成方法；当堂训练环节——布置作业，巡视批改，纠错点评。

（三）学校收获了"学导式"教学法经验

深化课程改革要求我们把学习的主动权还给学生，培养学生自主学习的意识和能力，实现学生自主学习，真正实现从"要我学"转变成"我要学"的目标。其核心问题是要改革传统的教师主宰课堂的局面，而构建教师和学生互动、生生互动、共同积极参与课堂活动的"学导合一"教学模式。通过实践探索并结合其他学校的教学经验，我校初步形成了"学导式"效能课堂教学法。"学导式"教学样态遵循"明确目标→出示预习问题→分层自学尝试解决问题→小组合作帮困→探究提升→分层练习→拓展巩固"这一教学流程，始终以教学目标为线索，充分体现了布鲁姆的掌握学习理论：掌握什么→尝试掌握→帮助掌握→督促掌握。

学校坚持"学导式"教学模式，坚持课前"三备、三检、三展"教学管理制度，课堂"三点、三课、三题"教学探究模式，课后"三级、三层"质量分析机制，向课堂要效率。在优化课堂教学、改革课堂教学模式、提高课堂教学效能方面卓有成效。教师之间、师生之间、家校之间形成了教学合力，使学校办学水平逐年提高。学校以学科类的联合体、曲艺类的联盟校为平台，以"高效课堂模式"为突破口，深入开展"学导合一"效能课堂的实证研究，并取得了显著成效。

学校在探究"学导式"教学新样式过程中，以校本课程开发为主渠道，用课程满足学生发展需求。2012 年起学校以曲艺作为特色项目创建,注重曲艺类特色课程建设,编撰教材。组织曲艺家进课堂,分别开设了沪语、独脚戏、相声、评弹、快板等社团,将沪语安排在预备年级学习,帮助外来务工子女更快地融入上海。目前学校已经完成 10 本校本教材编写,其中 1 本为市级共享,2 本为区级共享。

八年来,我校课堂教学已发生了很大变化,学生自主学习已经成为课堂教学的主流,教师指导下的学生自主学习教学模式初步形成,学生真正成为学习的主人。

当然,基于学生自主学习的"学导式"教学模式还有许多有待发掘的内容,课堂教学中的细节需要进一步完善,导学案的有效性还需要教师在实践中去探索,这些问题是我们深化课堂教学研究的重点,为真正实现"轻负高效"的课堂教学新样态,促进学校优质发展,我们将一如既往,求索创新。

第一章

为学而教：学导式教学的旨趣

一般来说，学习有三种状态：首先得想学，表现为学生是否用功、努力、认真；其次要能学，取决于教师如何为学生提供学习支撑等；最后还要会学，表现为学习方法好不好，学习效率高不高，是事半功倍，还是事倍功半。因此，想学是前提，能学是翘板，会学才是目标。

课堂中师生的关系究竟是怎样的？主要以学生为本，以教师为导。教师要从学生的角度备课，思考"学生有什么，想要什么，可以给他们什么"，学校倡导"学导合一、及时反馈"的教学样式，学导式教学模式成为了学生学习的疏通剂，学生经历教师精心设计的活动环节，建立起对学科知识的认知、理解与应用。只有教师转变了传统的观念，将"为教而教"转变成"为学而教"，才能促使学生从"要我读书"转变为"我要读书"。

"为教而教"与"要我读书"。"为教"，目的是为了教学、服务教学、提升教师成绩。追求"为教"的过程中，教师的需求便大于学生需求。课堂上的教师成为了上帝，高高在上的姿态，让学生望而却步。教师的话语变成了一个个"命令"，就好像一次次甩来的皮鞭。学生变成了一个个机器人，遵循指令的同时，模仿着完成教师的任务。即使是学生存在问题，也因为教师的高姿态将这些问题扼杀在摇篮之中，学生学的兴趣消失了，便成了"要我读书"。

"为学而教"与"我要读书"。"为学"，目的是为了学习、服务学生、提升学生能力。追求"为学"的过程中，学生的需求便大于教师的需求。课堂上的学生成为了课堂的主体，教师成为了引导者。教师将讲、练、批、改、评几个环节紧密结合在一起。学生在活动中，感受知识一点一滴形成的过程，同时发展了自身的素养与能力。当学生遇到学习问题与瓶颈时，教师要给予一定的技术支持与学习方法的疏通。学生学的兴趣从学导式的教学中，不断地被放大，便成了"我要读书"。

"为教而教"与"为学而教"。为教、为学，矛盾吗？学生学得好，最终体现的是教师教的成功，学生学的收获，二者是统一的。为学而教的学导式教学的研究，是探索公平与减负的一种途径，也是成就学生未来的一种方式。

"要我读书"与"我要读书"。学是枯燥、乏味的，而导是将学生步步引入教师的"陷阱"，让学生深陷其中，愉悦得无法自拔。学导的过程，就是不断地铺垫，给学生一定的台阶，建立起学生学习兴趣的过程。而有台阶的导胜于无台阶的灌输，导就是在疏通，灌输只会溢出，适得其反。让学生体会学导式教学的旨趣，明白"我要读书"的真谛。

第一节　让学生想学

兴趣是学生学习的第一动力,导学式教学是激发动力的重要的钥匙,我们可以利用创设的情境让学生体验到学习与生活的联系,也可以利用图像直观帮助学生迅速把握信息,还可以利用师生活动让学生感受课堂学习的有趣。

一、情境导学的乐趣

人们的生产、工作与生活就是一个个真实的情境。学生在学习中不仅关心能学到什么,更关心的是学到的知识能干什么,不仅关心学习分数,更关心所学知识对自己有什么帮助。情境导学利用诸如榜样作用、生动形象的语言描绘、课内游戏、角色扮演、诗歌朗诵、绘画、体操、音乐欣赏、旅游观光等等,这些都是寓教学内容于具体形象的情境之中,其中也就必然存在着潜移默化的暗示作用。

(一) 情境导学,构建起教师与学生间的沟通

有时我们会认为,教师在教学中处于主宰地位,而学生只能坐在座位上认真地看、认真地读、严肃地学。教师与学生间的沟通停留在教师问学生答的基础上。苏霍姆林斯基说过:"学校里的学习不是毫无热情地把知识从一个头脑里装进另一个头脑里,而是师生之间每时每刻都在进行的心灵的接触。"情境导学取代了教师的提问,让学生融入其中发现需要解决的问题是什么,需要运用的学科知识是什么。课堂变成了教师与学生互相沟通的场所。

(二) 情境导学,构建起学生与学科间的对话

学科知识是数百年乃至几千年人们实践、经验积累起来的知识体系。学科知识是抽象的,有着内在的严密逻辑,通过简单的语言讲解就想理解清知识的内在逻辑、概念,是不可能的。情境导学,是学科知识向外输出的一种形式,例如:数学中轴对称图形、中心对称图形等均是几何中抽象的概念,只有将图形在学生面前翻折、旋转,学生才能理解不同对称图形的区别。学生与学科间慢慢产生了默契,

情境就是催化剂,让学生对学科知识加速认识、理解。

(三) 情境导学,构建起学科与生活间的互通

知识源于生活,情境导学,呈现出来的就是生活中的点点滴滴,是在对社会和生活进一步提炼和加工后的一种自然呈现。通过情景导学,让每个学生将所学知识和生活、实践联系起来,结合在一起,打通知识和生活之间的通道,有利于学生对知识的理解和学习。

教师教学经验手记

图 形 的 运 动

基于创智数学课堂的三大原则,创智数学课堂中的教应立足于研究学生,引导学生自主探究知识,帮助学生开展活动,从知识的简单搬运转变为促进学生健康成长。教师应对教材内容进行充分的理解、挖掘、整合,为学生的学提供平台,不管是纸质媒介还是多媒体方式,通过小组合作、质疑、答疑等方式实现在活动中体验、感悟数学知识和方法,从而达到共同成长。评价方式也从测验结果转变为过程性评价,考量学生课堂上是否主动参与、积极思考、质疑提问、迁移方法、探索新知等。

七年级《数学》第十一章是"图形的运动",第二节旋转是学生学习的难点,以此课教学为例,通过设计探究活动,帮助学生突破学习的重难点,找到图形运动的研究方法和基本思路,实现课堂智慧的生成。

首先,授课对象是七年级的学生。他们正处于实验几何阶段,对于图形运动有旋转的初步认识,但是缺乏语言归纳能力、想象力和作图能力。所以在新授课中,教师需要为学生寻找一个支点、一个探索点,即旋转要素中最关键的旋转角。旋转角从哪里来? 要引导学生产生疑问,从而经历"发现问题——提出问题——分析问题——解决问题"的学习过程,在小组共同合作及老师的启发式指导下,理解旋转角及旋转的性质。在小组根据学习单探究旋转性质的过程中,引导学生观察图形旋转前后的变化,

---

经历操作测量长度、角度，猜测并验证结果，自己动手作图等过程，激发学生学习兴趣，提高学生课堂学习的意义值、方法值、动力值和容量值。

创设旋转的情境

让学生观察旋转的实例，通过观察动态的旋转，学生得出旋转的关键要素，归纳旋转的概念。

提问：

（1）这是哪种图形运动？这种运动具有怎样的特征？

（2）这个点有什么特点？旋转的方向有哪些？

（3）什么是旋转？你能概括图形旋转的定义吗？

其中学生一谈到了"围绕着一个点"，追问这个点的特征。学生马上能回答是一个定点。学生二提到了方向，在动态演示中，学生二马上能回答是"顺时针和逆时针"。

观察图形旋转

在几何画板中演示等边三角形、正方形、圆围绕任意一点旋转一定角度，学生最终归纳出图形围绕任意一点旋转都能与自身重合。在这一过程中，学生能够观察到旋转的角度，体会旋转的要素，加强学习的经验。然后，利用 iPad 观察图形的特征，寻找旋转的角度，进一步体会旋转角。

探究旋转的性质

探究活动：如图 1-1，△ABC 绕着点 M 逆时针旋转一定的角度后，到达△$A'B'C'$的位置。观察操作，说说图形旋转具有怎样的特征。

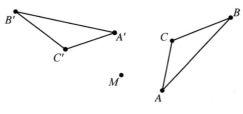

图 1-1

教师利用几何画板展示图形的旋转过程；引导学生类比平移性质的学习过程，根据"11.2 旋转"的学习单进行测量、实验操作，探究旋转前后对应线段的长度、对应角的大小、对应点之间的关系。

提问：

（1）平移具有哪些性质？

（2）旋转具有哪些类似的性质？如何说明？

（3）旋转前后图形对应点之间距离相等吗？旋转与平移相比不同之处在哪里？

（4）对应点与旋转中心连接后，你发现了什么？

学生在小组学习中发现旋转前后对应点之间的距离不同，关键在于旋转运动比平移运动多了一个点，即旋转中心。小组成员共同探讨，分享结果，将旋转中心与对应点连接。马上神奇地发现旋转中心到旋转前后对应点之间的距离相等，并且能完整归纳描述这一性质！学生只发现了距离相等，忽略了角度，教师适当地提示后，小组又合作研究了旋转角，并归纳出了性质。

画旋转后的图形

例 1. 如图 1-2 所示，画出线段 AB 绕点 O 按顺时针方向旋转 $120°$ 后的图形。

在师生一起概括出旋转的概念，探究完旋转的性质后，学生对于作图有了初步的认识，能在组内分享作图方法及过程。教师在巡视的过程中可以指导学生规范作法，学生通过动手操作实现知识的自我内化和吸收。

图 1-2

合作探究

思考题：如图 1-3，在 $\triangle ABC$ 中，$AB=6$，$BC=3$，$\angle B=60°$，将 $\triangle ABC$ 绕着点 B 旋转，使点 C 落在直线 AB 上的点 C_1，点 A 落在点 A_1，在下图中画出旋转后的 $\triangle A_1B_1C_1$。

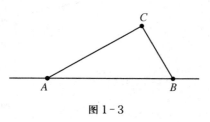

图 1-3

（1）直接写出 AC_1 的长度，$AC_1 = $ _____

（2）求出点 C 在旋转过程中的路径长度

进一步深入理解图形的旋转和如何画旋转后的图形，通过体会旋转的三要素——旋转中心、旋转角和旋转方向，根据旋转方向为顺时针和逆时针分类讨论出两解，既是对旋转定义和旋转要素的理解，也是对旋转性质的一种应用。在课堂中让学生小组合作、交流，从而更好碰撞出思维的火花，提高学习兴趣和思维品质。

教师需要为学生寻找一个支点、一个探索点，即旋转要素中最关键的旋转角来引导学生产生疑问，经历"发现问题——提出问题——分析问题——解决问题"的学习过程，在小组共同合作及老师的启发式指导下，理解旋转角及旋转的性质。在小组根据学习单探究旋转性质的过程中，引导学生观察图形旋转前后的变化，经历操作测量长度、角度，猜测并验证结果，自己动手作图等过程，激发学生学习兴趣，提高学生课堂学习的意义值，方法值，动力值和容量值。

——摘自施艺《让兴趣萌芽、让火苗燃烧》

二、叙事导学的乐趣

叙事是课堂教学中常用的一种教学方式，在一个教学情景中，叙事的目的是要能引发学生的学习动机，引起学生的学习兴趣。由此，顺理成章地引出学生已有的学科知识，再拓展到要教的知识上，也可以利用叙事情节的铺设，呈现给学生想要解决的问题。虽然叙事不等于文学意义上的故事，但是与学科相关的逸闻轶事，能大大激发学生学习探究的欲望。

《义务教育数学课程标准 2011 年版》明确指出，"学科文化作为教材的组成部分，应渗透在整套教材中"，"学科教材编写不是单纯的知识介绍，学生学习也不是单纯的模仿、练习和记忆，教材的编写应选用合适的学科素材，通过相关背景的介绍来向学生展现学科知识的形成过程"。这是数学文化价值在数学教育中体现的标志。数学故事引入到日常教学中有益于实现数学的科学价值、应用价值、人文价值和美学价值，这有利于培养学生的学科学习兴趣。由此可见，学科故事是学科教育的重要组成部分，也是培养学科核心素养，提高学生创新思维的关键所在。

（一）课堂教学中融入数学故事的必要性

学科故事引入教学的过程中，一方面需要考虑数学故事的引入方式必须激发学生的学习兴趣，丰富学生的学习内容，促进学生知识迁移的能力；另一方面也要把过去学的内容和现在学的知识有效地结合在一起，领悟数学是一个互相联系的科学。同时，近年来在德育融入教学的背景下，培养学生的民族情怀也需要学科故事和学科文化教学的帮衬。例如：历史上，中国的数学一直处于世界领先地位，拥有举世闻名的《九章算术》《周髀算经》等数学著作，对数学文化的了解有利于增强学生对本民族文化的认同感和自豪感。

在设计教案时，教师可以适当地处理教材，从学科故事出发，结合现代教学手段，使之呈现的教学内容能吸引学生的学习兴趣，这样既可以避免学生死记硬背，又扩大了知识范围，有效地确立了学生正确的数学观和价值观，提高了学生的民族意识和爱国情怀，可谓一举两得。

（二）课堂教学中融入数学故事的实践

1. 运用学科故事激发学生的学习兴趣

说故事是教学中常用的一种教学方式，在一个教学情景中，说故事的目的是要能引起学生的学习动机与兴趣。由此，顺理成章地引出学生已有的学科概念，再拓展到要教的学科概念，也可以利用故事情节的铺设，呈现给学生想要解决的问题。虽然学科故事不等于文学意义上的故事，但是学科界名人的逸闻轶事，能大大激发学生学习探究的欲望。

学导式教学观课手记

我走进课堂听一位青年教师讲沪教版六年级第一学期"圆的初步认识"。有关圆的内容，早在战国时期的《墨经》《考工记》等书中就有记载，授课中将有关史料穿插进去,作为课本知识的补充和延伸。讲解圆的定义与性质时,教师向学生介绍:古代最早是从太阳,圆月得到圆的概念。大约在 6 000 年前,美索不达米亚人做出了世界上第一个圆的轮子。约在 4 000 年前,人们将圆的木轮固定在木架上,造出车的最初雏形。真正意义上定义圆的性质作圆的,却是 2 000 多年前我国的墨子。他提出了圆的概念——"一中同长也",即圆周上各点到中心的长度均相等。这个定义与希腊数学家欧几里得的定义相似,却比欧几里得的定义要早 100 年。此外,课堂中可进一步说明"圆,规写交也",即圆是用圆规画出来的终点与始点相交的线。

教材中对于圆的拓展介绍只限于发展的历史,在课堂中给予学生丰富的数学素材,将原本平淡枯燥的数学教学变得有趣,提升了学生对问题的原有认知框架。课堂中,学生有一种"既在情理之中,又出乎意料之外"的惊喜,活跃了课堂气氛,有效调动了学生的学习积极性,提高了学生自主探究的学习兴趣。

2. 运用学科故事激发学生多角度思考问题

学科教材中的诸多教学内容,经过历史的演绎、通过几代学者的不懈努力,产生了精彩而多样的解法。例如:勾股定理的证明,历史上有面积证法、弦图证法、比例证法等 300 余种解法;关于一元二次方程的求解,有几何法、特殊值代入法、逐次逼近法、试位法、反演法、十字相乘法和公式法等。通过引导学生搜集比较历史上的各种不同方法,不仅能使学生更好地领会每种方法的内在本质,而且能启发学生对知识的深度、广度的探索,使学习的知识内容更加扎实。

学导式教学观课手记

沪教版六年级第一学期"圆的初步认识"中穿插介绍割圆术的教学:早在公元三世纪,我国数学家刘徽在推导圆的面积公式过程中发现了"倍边法割圆术"。他用加倍的方式不断增加圆内接正多边形的边数,使其面积与圆的面积之差更小,即所谓"割之弥细,所失弥小"。这样重复下去,就达到了"割之又割,以至于不可再割,则与圆合体而无所失矣",这是世界上最早的"极限"思想。

在课堂中,教师将"割圆术"方法用多媒体动态演示,学生都被"化曲为直"的思想所折服,惊叹于古人智慧的同时,课堂气氛明显活跃。后半节课学生情绪高涨,纷纷对圆周率的推导提出了自己的见解,争相发言,极大地促进了学生思考问题的广度。

学导式教学观课手记

教师在教初二"勾股定理"时,通过文献查阅发现,在漫长的数学历史中,人类构造出了近四百多种勾股定理的证明方法。几乎所有的文明古国,希腊、古巴比伦、中国等国家都有自己独特的证明方法。如三国时期有名的"赵爽弦图",用形数结合的方法给出了详细证明。结合相关数学故事的内容,教师在教学前让学生用彩色纸准备四个全等的直角三角形。为了方便交流,规定直角三角形较长的直角边为 8 厘米,较短的直角边是 6 厘米。鼓励学生动手进行拼、移、补,运用不同的方法来实现对勾股定理的推导。学生的参与性很高,小组活动中大家互相讨论方案,在自主探究、亲自体验的实践过程中感受数学知识,意识到数学思维的多样性,培养了学生学习的积极性、灵活性,这有利于推动学生学习数学知识的兴趣和情绪。

三、图文导学的乐趣

爱德加·戴尔提出,学习效果在 30％以下的几种传统方式,都是个人学习或被动学习;而学习效果在 50％以上的,都是团队学习、主动学习和参与式学习。长期听讲与阅读,效率低下,学生形成的学习习惯便是厌倦与麻木。在新课改中,甚至是每年的上海中考的指导思想中,都倡导学生的学习在于主动参与、乐于探究、勤于动手,也强调教师要通过不断地引导和点拨来培养学生搜集和处理问题的能力、获取新知识的能力、分析解决问题的能力。

图像是指各种图形和影像的总称,能将复杂问题简单化,起到语言、文字所不能起的作用。具有形象直观、通俗易懂等优势,容易使学习者建立心像、提高认知、加强记忆。但有时缺了文字,实物图像只能是一堆没有含义的图形,学生看到它们只会更加迷茫。教师在教学过程中,将图像渗透进各个环节,使图像成为学生学习的支撑,帮助他们探究、学习。利用图像创建情境,以线性顺序表明事件因果性的关联,从而达到图文并茂的良好匹配。图文的结合,可以消除学生们心中的疑虑,使得学习目的性变得更强,既节省了学生的学习时间,又能节省教师教学环节的时间,学生就有更多的机会去深入学习。

教师教学经验手记

图文并茂的物理课堂

现代教学中不少是以学生探究作为教学手段,让学生参与主动学习,教师的存在则是简单的引导。但是探究中的学生不仅要第一时间理解教师指令,动手实验后还要理解实验现象,后进生们一旦思路跟不上,就会出现理解偏差,达不到设计效果,不仅如此,分析结论时看着繁杂的数据,去解释数据,更是让学生摸不着头脑。如果教学过程中将大量实物图像作为媒介,能否打破现有的教学模式,让学生更好地探究呢?

1. 实物图像与文字结合,让学生活动变得简单易懂

学生自主探究光的折射现象环节,最早的预设中,如图 1 - 4,是希望学生观察图片,结合学案上的要求来对比光从空气斜射入水(玻璃)与光从空气垂直射入水(玻璃)的现象,但是发现效果不佳,很多学生根本不瞥图片,直接看学案中的文字要求,动手的过程中不知所措,甚至将光从水斜射入空气里,最后现象没看清楚,乱写结论。其实,学生对于一个陌生的图像,也需要一个理解的过程,这个和阅读是类似的。所以在这

做了一个改进,如图1-5,给图像配上说明,特别指出图中的入射光线位置。这就好像看一场外国电影,光有图像,对于大多数人而言,根本听不懂,也看不懂,有了字幕之后,既能欣赏宏伟精彩的画面,也不会错过影片跌宕起伏的剧情。图文结合之后,学生将手中学案摆在一旁,个个都瞪大眼睛关注图像,接着才审阅题目,效果与之前截然不同,比单一的实物图像更能让学生活动变得简单易懂。

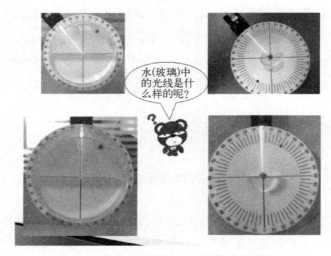

图1-4 "光从空气斜射入水(玻璃)中"的实验

活动1:

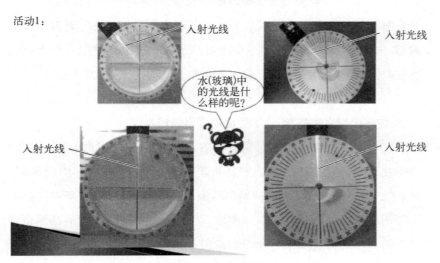

图1-5 改进后的实验

实物图像能将复杂问题简单化,起到语言、文字所不能起的作用。但有时缺了文字,实物图像只能是一堆没有含义的图形,学生看到它们只会更加迷茫。教师在教学过程中,利用实物图像创建实验情境,以线性顺序表明事件因果性的关联,从而达到图文并茂的良好匹配。图文的结合,消除了学生们心中的疑虑,使得探究的目的性变得更强,既节省了学生的探究时间,又能节省教学环节的时间,学生就有更多的机会去深入学习。

2. 实物图像与动态视觉结合,让学生探究更完善

学生的探究过程中,同样也使用类比法,之前有幸观摩过其他老师的"光的折射"教学,学生实验设计环节采用的是学生口述实验过程,然后进行类比,此方法不但效果不佳,对学生的设计帮助甚小,学生此时刚学习物理一个多月,很难用语言去讲述实验过程,或者说根本没法讲述。

如图1-6,本课例设计中使用"动""静"两种实物图像。配合学生实验视频,运用动态视觉实物图像进行教学,教师的板书少、内容量多。让学生回顾光的反射实验过程时,首先让学生简单叙述三线共面的验证

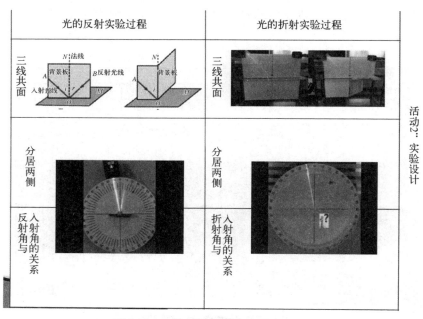

图1-6 光的反射和折射实验对比(过程)

方法,摆出图像,再观看学生实验视频,让所有同学脑海中对实验过程的描述有一定印象,最后循环播放"动"图,让学生不错过每一个实验瞬间,让学生实验时,不必看着自己设计的复杂文字,用眼前的图像可以每时每刻看到自己的设计。

此时的图像的意义就在于能够在学生实验时,不断重复提醒学生该做什么或者遗漏了什么。学生的探究过程既有学生自主的设计又有老师的引导,便会走向正轨。

3. 实物图像与实验数据结合,让学生总结更有深度

本课例设计中,考虑到课标要求,光的折射规律只停留在定性的探究上,不考虑定量的结果,因此数据分析也只需要学生说出大小关系与变化关系,但学生思维大多停留在数字的大小区别上,而且刚接触物理的学生很少会留意物理量的变化,在以往的表格数据题中,学生对数字很不敏感。如图1-7,使用教师提前准备的实物图像组,还原了学生实验过程,让学生再一次观察光线位置的变化,将其与表格数据分析相结合,从而得出最终的结论:光从空气斜射入水或玻璃时,入射角越大,折射角越大。

光从空气斜射入水中					
序号	1	2	3	4	5
入射角(度)	10	20	30	40	50
折射角(度)					

光从空气斜射入玻璃中					
序号	6	7	8	9	10
入射角(度)	10	20	30	40	50
折射角(度)					

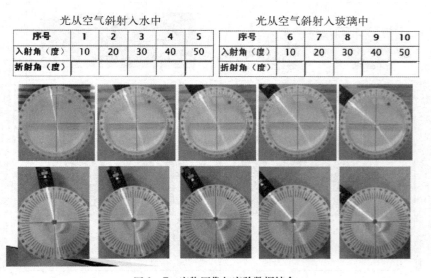

图1-7 实物图像与实验数据结合

"入射角相同时,水(玻璃)中的折射角也一样吗?"再次通过这种特殊的结合,学生看清了两种介质的折射本领的不同。从表面到内在,从内在到核心,学生层层抽丝剥茧,最终认清了光的折射规律。

总而言之,在学生活动的各个环节中,实物图像都有举足轻重的地位,有利于学生的探究。如图1-8,从学生看图文,初步探索光的折射现象,到图与类比方法的结合;从学生精细地设计实验,到动图帮助学生完善实验步骤,再到实验结果的分析归纳,最后在光路的可逆的实验教学中,实物图像一次次地映入学生的眼帘。一连串用实物图像编织起的教学环节,直观、便捷、容易记忆,课堂教学因此变得轻松、易懂。

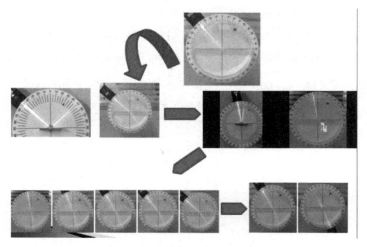

图1-8　实物图像渗透教学各环节

在物理教学中,教学设计要以实验为中心,但更要重视实物图像的渗透。今天实物图像成了教师与学生之间交流的媒介,为学生的讨论、交流、探究的过程提供了有效的帮助。学生讨论、探究是现代教学的主流,但没有了图像,学生还是会不知所措,有可能还会觉得物理课全是文字,很枯燥,实物图像能让课堂"活"起来,更能让学生"活"起来,构建出更加高效的初中物理课堂。

——摘自张林《实物图的妙用》

图文导学能够展现学生抽象的"思维"过程,使讲解有所依托,思考有所指向,教师教得轻松,学生学得愉快,是一种高效的教学方法。其优点很多,有利于知识系统化,有利于形象记忆,有利于强化知识的信息,有利于知识的联想,有利于信息的传递等。

图文导学成了教师与学生之间交流的体现,为学生的讨论、交流、探究的过程提供了有效的帮助。学生讨论、探究是现代教学的主流,但没有了图像,学生还是会不知所措,觉得学科学习就是枯燥无味的,图文导学的方式活跃了学生的思维,更让学生认知清晰起来。

显然,让学生想学的关键是:把"学"的内容通过教师的"导"变成学生好奇、感兴趣的内容,让学生觉得是一件好玩的事情。

想学,是一种念想。为此,需要给予不断的"利诱",让学生把念想变成执着。同时,学的过程会碰到各种各样的问题与障碍,而教师就要把学的障碍疏导为有趣的挑战,另类的游戏。让学生在导中学,在导中乐,在导中有所成长。

第二节　让学生能学

要使学生能学,就要根据学生原有知识状况精心设计和组织教学开始阶段的"搭架"活动,抓住新旧知识的衔接点,做好知识铺垫,缩短学生"已知"与"未知"的差距,给学生构筑起新旧知识过渡的"桥梁",使学生能正确地进行知识的迁移。

一、从抽象到具体的学习支撑

学科知识的概念对于学生都是抽象无序的,学生要想建立起概念必须从无到有,教师可以通过不同的教学活动,设计由浅入深的认识过程,让学生跟随教师步伐,一点点学会探究的方法,同时提升探究能力。

教师教学经验手记

光 的 反 射

学 习 活 动	学 习 支 持	学 习 评 价
活动一:认识光的反射现象 问题:上节课我们学习了光在什么条件下沿直线传播?	创设情景: 教师利用喷雾剂,喷镜子背面与镜子的正面,寻找反射光线。	通过教师演示,学生初步认识光的反射及其现象,并能从演示中,发现喷雾剂能让光的路径短暂停留在视野内。

⬇

| 活动二:寻找反射光线
问题:要找到面板上的反射光,面板必须与反射面满足什么关系? | 1. 提供工具:激光笔、A4纸、平面镜
2. 创设情景:
斜放纸板时,纸板上没有反射光,纸板与反射面垂直时,反射光又出现了。 | 学生通过活动,体验光的路径显现的方法,并对比两种不同的方法的优势与缺点,学生通过教师创设的情景认识到要寻找到反射光线,必须面板与反射面垂直,为法线的引出作铺垫。 |

光实际上是肉眼无法凭空捕捉到的，需要通过胶状介质才会显示出来。首先先将激光打在光滑的反射面上，在反射面上能看到光斑，但是光的传播路径看不到。这时就利用喷雾剂让光的传播路径显示出来。通过创设简易的光路情景，让学生的注意力从光斑转移到了光束，教师喷到哪儿学生看到哪儿，学生产生了学习光学的热情，转而继续关注光的反射现象。在关注的过程中，教师停止喷雾时，光线又消失了，再一次喷雾，光线又出现了。学生在此时不仅仅认识了光的反射现象，也渐渐地发现喷雾剂并不是一个很好的显现光路的工具。

此时教师提供激光笔、喷雾剂、平面镜，让学生自己试试看，能否看到反射光。教师继续提供一张白纸，让学生通过白纸来寻找反射光，学生在活动中通过对比发现白纸可以让光路显现的时间更持久，但是只有当白纸摆放至与平面镜垂直时，才能看到反射光。

学生通过活动，一步步进入教师布置的"陷阱"中，体验活动的同时，也逐步建立了学科概念的框架。教学活动的设计也不仅仅是为达成一个学习目标而设定，前后的活动应有一定的关联性。就像这物理教学的活动中，学生知道了呈现反射光是要有条件的，既认识了光的反射现象，也明白了如何呈现，这正是为学生的实验设计过程服务的。发现法线的活动，正是为了后续猜想铺垫的。教学活动的设计不应是模块化的，而更应是连锁化的。

——摘自张林《光的反射教学案例》

二、问题链式的学习支撑

将问题形成链式的方法，与知识、目标联系起来。通过问题的深化，让学生对新旧知识有一定的联系与思考。学生一步步扫除学习障碍，不断接近学习目标，最终达成学习目标。

问题链设计的核心价值

1. 为学生提供学习支架，达到高效学习目标

遇到学科重点知识时，往往需要学生进行咀嚼消化，在面对较难知识时，问题链的设计，就好比在已有的知识和最终学习目标之间，为学生搭建了一架梯子，在回答问题的过程中，学生一步步扫除学习障碍，不断接近目标，最终达成目标。

2. 培养学生的创造性思维，提升思维品质

创造性学习过程对学生思维、心理、情感的发展有着极为深远的影响，对素养的形成具有不可低估的价值。创设问题链，引导学生将已有知识和新知识建立联系，在理解学科知识并深入挖掘的过程中，完成认知的再构建，体现思维的创造性特征。

3. 问题链设计的方法

结合情景设计问题链，实现新旧知识的有效过渡。学生的已有知识是一座宝库，善加利用，使他们的已有知识成为新知识的有效铺垫，做到以旧带新，学习效率会事半功倍。

创设问题链强化逻辑关联，实现阅读文本的深入挖掘。在教学中，教师可以通过显性问题（客观问题），引导学生把握学科概念，进行初步理解和熟悉。同时，结合隐性问题（主观问题），帮助学生深入学科概念的再学习。根据学生对于知识技能的熟练程度，教师在设计问题时，可适时增加问题的开放性，让学生结合自身的理解，对学科知识进行解读，在分享和交流中，碰撞思维的火花。每一个问题的排列组合（也就是我们说的将问题串成链），需要教师在备课时仔细考虑。问题设计得再好，提问时机的不合理，反而会降低学生的听懂率，增加学生的认知障碍。因此，在设计问题时，教师需要考虑到不同问题的层次与梯度，以及问题与问题之间的潜在关联。环环相扣的问题链设计，能够提高学生学习的连贯性，让学生如品味美食般，在老师的步步引领下，层层深入地去思考。

4. 问题链实施的效果

一个高效的、具有生命力的课堂，总是有几个问题链存在于其中的，问题链的设计必须为课堂教学目标和教学环节服务。这样的问题链，能够引导学生更快地走进教学核心内容；同时，学生带着问题进行深入思考，在互动中生成精彩，感悟

文化内涵,从而形成严密而有节奏的高效课堂。学生回答问题链,获得了智慧生成的可能空间,同时,教师在处理课堂生成问题时,也收获了成就自己智慧的理想空间。

问题链在英语课堂中的探索

在牛津上海版 8A U6 More practice 的阅读教学中,为了帮助学生扫清阅读中的生词障碍,同时熟悉文本关键词 alien,在读前活动中创设情境并设计了以下问题链:

展示一张宇航员在外太空的图片,请学生回答:

1) Who's this man? How do you know that?

2) Where is he?

3) How does he land on another planet?

4) Why do people go to another planet?

通过围绕宇航员的一系列提问,帮助学生学习 astronaut, land on a planet, explore a planet, spaceship, spacesuit 等与阅读文本相关的语汇。

紧接着,继续从图片出发,带领学生思考以下问题:

1) Why do people go to another planet?

2) If we explore another planet, what will we find there?

3) If we really find life (people or animals) on another planet, how can we call them?

学生回答交流,教师引出今天的阅读文本关键词 alien。

为了使学生更为顺利地挖掘文本内涵,基于文本特点,教师在读前创设情境,利用问题链,首先处理阅读文本中的部分生词,为学生搭建文本相关的语汇支架;其次,引出文本核心词 alien,激活学生脑海中的相关背景知识,以及为文本核心词 alien 的含义做一个引导和铺垫。

在牛津上海版 8A U6 More practice 的阅读教学中,本节课的教学重难点在于作者的悬念设计和学生日常认知规律的差异。故事中的 aliens 其实是地球人，而主人公才是我们平时认为的 alien。文章主旨的把握对于学生的日常认知是一个挑战。因此，在本节课的读前环节，学生阅读课文标题，教师提出问题：Where did the aliens probably come from? 学生对课文标题中的 alien 身份进行猜测。之后，学生通读一遍全文，并回答预测问题：Where did the aliens come from?（外星人来自哪里?）第一遍全文通读后，已经有学生发现标题中的 alien 来自地球，其实故事中的 aliens 是两个地球人，还有大部分同学对于 aliens 的身份仍然存疑。教师摒弃了从记叙文基本要素入手的课堂活动设计，而是直接让学生通读全文，解决文本最大的悬念，希望培养学生记叙文阅读的连贯性。更重要的是，让学生心中对于 alien 的身份产生疑问，无论学生发现 alien 真实身份与否，阅读的过程或多或少会产生疑惑和不解，学生们将在之后的活动中，带着一开始的这个统领全局的大问题——Where did the aliens come from，将寻找线索证明 aliens 身份作为思考路径和阅读主任务，使阅读活动更有目的性和针对性。之后的问题链设计，从记叙文基本信息的把握，到情节的梳理，再到文本细节的挖掘，都将围绕揭示主旨的主问题展开。整个问题设计可以说是顶层问题引领，环环相扣。

——摘自孙文倩《重视学习支撑，创生智慧课堂》

问题链的设计为课堂教学目标和教学环节服务，为课堂注入了生命力，能够引导学生更快地走进课堂；同时，学生带着问题进行深入思考，在互动中生成精彩，感悟文化内涵，从而形成严密而有节奏的高效课堂。学生回答问题链，获得了智慧生成的可能空间，同时，教师在处理课堂生成问题时，也收获了成就自己智慧的理想空间。

用关键问题将各个活动串联起来，而关键问题整体围绕着学科知识，即是什么、为什么、怎么做等。此外，从定性与定量两个角度来研究问题，让学生明白定性研究是定量研究的基本前提，定量研究是定性研究的进一步深化，为后续的探究提供基本方法。

　　让学生能学，教师必须要会教，能搭建高效便捷的学习支撑。学导式教学的回归，逼迫教师必须先分析学生的旧知程度与学习能力的情况，教师运用为学生构建从抽象到具体的活动设计、利用问题链搭建学习脚手架等方式，不是为了学生能够更好地吸收知识，而是为了在学生有限的学习能力情况下，帮助学生会学。

第三节　让学生会学

会学是想学的驱动器。想学习是每一个学生的天性，而会学是需要后天不断的训练和培养的。学习源于倾听与模仿，贵于质疑与思考，精于计划与坚持。这些都离不开教师精心设计的"导"，学生才能导而会问、导而会思、导而会表，因导方可会学。

一、导而会问

爱因斯坦曾说过："提出一个问题，往往比解决一个问题更重要。"

学导式的教学，让学生从困惑到猜疑，再从猜疑到问题，最终从问题到验证。问是学习过程中不可缺的，学而不问，只是对知识的接受与储存；学而能问，将已有的学科知识内化，转化为自我理论，以问题的形式输出，这就是学生第一层次的消化过程。

（一）关注学生的问题意识

随着中考的不断改革，对学生思维能力和探求能力的要求不断地提高，这就需要学生具有问题意识。学生要在老师所营造的情境下来确定一个需要去解决的问题，通过自主或合作学习的方式来解决这个问题，培养和训练了学生去发现问题，提出问题，解决问题的意识。

（二）关注分析解决问题的能力

学生问题的提出显示了学生自主学习的开始，在学习过程中老师只起一个引导的作用，对于资料的收集与获取以及加工处理都需要学生亲自进行，这就大大地提高了学生分析与处理信息的能力。

（三）关注动手探究的作用

在真实的情景中学生经历"发现问题——解决问题——探究归纳"，这正是现代教学所需的。近几年来,学科探究教学的地位越来越重要,对学生的自主探究有一定的要求。探究性学习与问题教学模式结合有助于培养学生实事求是的学习态度和科学的学习方法,有助于培养学生的思维品质,提高学生的创新思维能力。

在理科学科中,教师重视学生的问题意识,在化学学科中,关注学生的思维能力和探究能力,这就需要学生具有问题意识。

教师教学经验手记

二 氧 化 碳

一、抛锚——创设情境

根据以往的教学经验,本节课应分为两课时,第一课时是教师在课堂中讲解实验室制取二氧化碳的相关知识点以及完成课堂的演示实验,第二课时是学生在实验室自己动手制取二氧化碳。但由于学生已经学习过实验室制取氧气,于是将本节课的教学方式改变成学生自己探究实验室制取二氧化碳的方法,并根据自己所想到的方法,亲自动手制取一瓶二氧化碳气体,而课堂从教室转移到实验室,使学习能在和现实情况基本一致或相类似的情境中发生。

二、定锚——确定问题

在上述情境下,提出问题:实验室该如何制取二氧化碳?能否利用现有的化学仪器动手制取一瓶二氧化碳气体?

三、取锚——学习或评价

学习的方式——自主学习。在确定问题之后,给学生一些可以解决这个问题的提示(例如实验室制取氧气时我们如何确定氧气的制取原理,发生和收集装置该根据哪些原则进行选择等),在过程中,教师要特别注意发挥学生的"自主学习"能力。教师可以通过学生完成学习单的情况来确定学生的学习内容表达能力;也可以通过观察学生在确定制取方法的过程中运用了哪些相关信息,如何确定该信息是否有效,或是在选择和搭建实验装置时如何解决出现的问题。

学习的方式——合作学习。本节课的课堂形式以小组为单位,学生之间可以相互交流讨论,通过不同思维的碰撞,完成"思考问题——提出假设——找寻方法——质疑方法——完善方法——确认方法"这一学习的过程。此外,合作学习的方式能为学生提供一个更为轻松、自主的学习环境,提高学生的学习创造能力。在课堂中,师生间、生生间的活动是多边进行的,学生有了更多表达自己的机会,而教师在这一过程中起到了一个指导者的作用,把传统教学中的"教师讲,学生听",变成了"学生讲,教师听"的模式,当学生出现一些问题时,教师可以及时进行指导,帮助学生继续将内容进行下去。

效果评价。抛锚式教学要求学生解决面临的现实问题,学习过程就是解决问题的过程,即由该过程可以直接反映出学生的学习效果,因此对这种教学效果的评价往往不需要进行独立于教学过程的专门测验,只需在学习过程中随时观察并记录学生的表现即可。

那么,本节课的评价方式就是由学生能否成功制取到二氧化碳气体来决定,但没有制取到气体并不代表他在本节课的表现是不合格的。所以对实验失败学生的评价就变成了能否顺利分析出自己失败的原因。在学习过程中,有时候失败的教训比成功的经验能给学生带来更多的学习机会,更有助于提高学生的学习能力。

抛锚式教学策略在化学教学中的优势。通过该策略在本节课的应用,发现抛锚式教学策略在化学教学中的优势。

但是,抛锚式教学策略在化学教学中也有局限性。

第一、老师会面临学生的各种问题。抛锚式教学策略的目的就是使学生在一个开放、逼真的问题情境中发现问题,产生学习的需要,然后通过老师引导以自主学习的形式解决问题。可是对于相关教学内容,不可能只是确立出一个问题,不同的学生可能会确立不一样的问题,而老师不可能成为学生所选择的每一个问题的专家,那么老师在引导时就会存在这样或那样的问题。这就给老师提出一个很大的挑战,老师不再是传统意义上的一个知识的传授者了,而更应该是一个知识的学习者。只有不断地丰富自己的知识和能力才能更好地引导学生。

第二、教学评价方式可能不够客观。对于抛锚式教学策略的教学效果的评价往往不能通过专门的测试来决定,而只能是老师通过在学习过程中随时观察并记录学生的表现来进行评价。这样的评价方式不够客观,会有很多教师主观的意识在里面,而且教师也不可能随时都观察得这么仔细,对于一些隐性的知识也不是观察就能发现的。

——摘自张欣佳《抛锚式教学策略在化学教学中的探究》

学生在老师所营造的导学情境中,确定了需要去解决的问题,再通过自主或合作学习的方式学习知识,运用该学习方法来解决问题,很好地培养和训练了学生发现问题,提出问题的意识。

看似简单的学习内容,需要学生通过一个由简到繁、不断深化、螺旋式上升的过程。处于成长阶段的学生由于其认知水平、知识结构、思维能力、思维方法的局限性,经常会在课堂学习中犯各种各样的错误,这些错误的出现成为原本预设好的教学的"绊脚石"。而错误其实也是一种课堂资源。

二、导而会思

思考曾被认为是宇宙中"物质运动的基本形式之一",是地球上"最美的花朵"。学生的思考是随着教师的问题、活动的指令等不断地螺旋式上升进行的。无效的课堂会导致学生的思绪杂乱无章,无法跟随着教师的思路持续地思考。学导式教学是对学生思考的疏导,疏导学生的思路走向正确的方向,更要让学生能主动思考。

中外学者对教学模式与学生认知建构做出了不同的观点阐述。学生为了适应将来的社会、生活,需要有相应的适应能力,这些适应能力是在构建完整知识体系的过程中出现的,更多的学者认为学习的过程是经历产生疑问、主动思考、自主探究的体验。苏联著名心理学家鲁宾斯坦的"问题思维理论"指出,思维的核心是创新,思维起始问题是由问题情景产生的,而且总是以解决问题为目的。我国张熊飞教授提出了"诱思探究"教学思想。所谓"诱思探究"就是诱导思维,探索研究。这一理论提出以"掌握知识,发展能力,陶冶品德"为内容的三维教学目标;以"四为主"为教学思想,即"学生为主体,教师为主导,训练为主线,思维为主攻";而"变教为诱,变学为思,以诱达思,促进发展",则是启发教学的精髓。该理论是本模式教学的主要依据。在二十世纪初,美国教育家杜威针对传统教育的弊端,提出了以培养学生发现问题、解决问题为重点的新教学四个阶段的观点,即"确定问题情境——提出解决方案——搜集资料验证、假设——得出结论"。其策略主要是创设一个开放的学习环境,为学生提供多种渠道来获取知识,即让儿童对知识的学习采用类似科学家发现知识的过程来获得,这种以"问题解决"为中心的探究性学习,让学生学会学习,学会创造,造就了一大批动手能力和问题解决能力都很强的人才。

(一) 注重学生思维,提高分析问题的能力

通过设置自主探索、合作交流的学习方式,帮助学生从感性认识发展到理性思考,逐渐形成方法和技能,提高分析问题的能力。例如:通过引导学生将等边三角形与等腰三角形进行对比,特别是通过对等边三角形的特殊性进行观察分析,使其发现等腰三角形成为等边三角形的条件需分别从边和角两方面叙述,在讨论角的时候又需要分别从底角为 60°和顶角为 60°两个方面进行讨论,从而得到"一个内角为 60°的等腰三角形是等边三角形"这一判定,通过对学生讨论过程的引导,让学生从中体会数学分类讨论的思想,提高分析数学问题的能力。

(二) 注重语言表达,提高思维品质

教师注重培养学生图形语言、文字语言、符号语言的相互转化和数学表达。汇报交流环节,教师及时口头纠正学生的语言,并板书强调规范符号语言用法,规范学生的几何说理过程。在整个教学过程中,各个环节都精心设计问题,引导学生自主思考,积极探索,学生能独立解决他们想表达、想展示的内容,多为学生搭建交流的平台,把说的机会还给学生,真正使学生成为学习的主人。

等边三角形的性质

等边三角形是上海义务教育课程标准教科书《数学》七年级第二学期(试用本)第十四章第 7 节内容。这节课是在学生学习完等腰三角形性质和判定之后的一节几何概念新授课,重点研究等边三角形的性质和判定。为了突破数学几何思维障碍,需要学生利用几何语言来说理。所以本节课的难点在于学生既要说理验证,又要正确使用数学符号语言。

根据教参设置的教学目标,我设计了相关教案。在教研组说课磨课讨论过程中,教师普遍反映教学环节中规中矩,应有的学生自主探究环节没有落实,整节课流于形式。根据《义务教育数学课程标准(2011 年版)》对于综合与实践提到的"通过对有关问题的探讨,了解所学过知识之间的关联,进一步理解有关知识"的要求,我修改了教案,增加了活动环节,通过小组合作讨论"在等腰三角形的基础上,利用边的元素探究等边三角形"的问题,凸显问题探究的教学模式。

第一次实践 5 月 15 日

首先回顾等腰三角形的知识,学生能流利地回答其定义、性质和判定。探究等边三角形性质的环节,教师首先提问:"你能概括等边三角形的定义吗?"学生很自然地正确回答了:"有三条边相等的三角形是等边三角形。"然而在评课时,有的老师反馈这个问题设置并不好,在"14.1 三角形的有关概念"一课中已经教授了等边三角形的定义,本节课教师的意图是利用复习等腰三角形的旧知,来类比得到等边三角形的定义。但是需要注意的是:定义是规定的,不是探究得来的。为了问题而问题,违背了问题探究模式的初衷。

接着探究等边三角形的性质,从角和边两个元素分别进行探究,教师依次追问:角和边有什么性质?能用数学语言表达吗?重复的提问并未达到"类比等腰三角形得到其性质"的目的,而且只提问了个别学生,显得刻板单一,没有深度;其次,学生的回答只是猜测,数学是一门严谨的学科,必须对猜测的性质进行合理的验证;最后,一问一答这个循环过程花了大量的时间,探究性质的环节结束时已经花了 20 分钟,而本节课的重头戏——等边三角形的判定的探究还没呈现。

课堂实录 1:(探究等边三角形的性质)

师:从角的元素考虑,等边三角形有什么性质?

(众生举手踊跃)

生 1:三个内角相等。(师板书)

师:从角的大小考虑呢?

(众生还是很积极)

生 2:每个内角都是 60°。(学生很自信地回答)

师:很好(师点头肯定),(师环顾全班)你能用数学语言表达角的性质吗?

(众生有些迟疑,师语言鼓励学生回答,师纠正学生规范地表达“因为……所以……”,边板书)

师:从边的角度思考,等边三角形又有什么性质?

生 3:等边三角形三条边都相等。(学生不假思索地回答)

师:你怎么想到的?——根据等边三角形的定义(众生齐回答)。这次,谁能用数学语言表达边的性质吗?(部分学生跃跃欲试)

……

之后是探究判定的教学环节,根据定义得到了“三条边相等的三角形是等边三角形”这一判定方法。接着教师引导学生在等腰三角形的基础上根据边的元素探究等边三角形,通过追问和小组讨论也能较顺利地得到“腰和底边相等的等腰三角形是等边三角形”这一判定依据。

但是实践中出现这样的问题:学科知识基础较好的小组各抒己见,讨论热烈,整体基础薄弱的小组讨论不活跃,等到该环节结束时,两者形成了很大的反差;在验证过程中,学生仅仅通过语言表达来汇报结论,没有落笔,记忆不够深刻;课堂中有一些学困生露出一脸迷茫的表情,跟不上上课的节奏,这个活动只顾及了学优生而忽视了学困生;另外,在以角

的条件猜测判定时,进行得也不太顺利。我原本是这样预设的:

教学设计片段:

问:通过以前的学习,我们知道几何图形的判定和性质是有关系的,它们条件和结论是互逆的。根据等边三角形的性质,你们能猜想一下等边三角形的判定方法吗?

预设:一个内角是 60°的三角形。

问:只有一个元素能判定吗?谁能补充一下条件?

预设:三个内角都是 60°的三角形。

追问:两个内角是 60°时,能判定等边三角形吗?

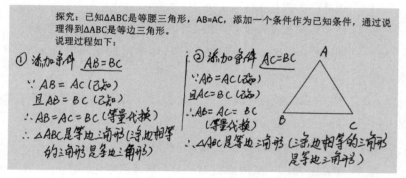

图 1-9　学生课堂学习单

实际小组讨论中,学生并没有联想到内角 60°这个条件,更不要说利用这个条件去猜测等边三角形的判定依据。最后教师只能直接提问"等腰三角形一个内角是 60°时,能判定等边三角形吗?",才得以解围。

为什么没有学生想到 60°这个条件呢?虽然教师提示过性质和判定是互逆的,意图提示学生从性质的结论中寻找"60°"作为判定的条件,但学生并未领会。可见,教师不能口头上说过,就自以为学生已经理解了自己的意图。对于问题的探究,指向性不够准确的话,学生只会一头雾水,没有方向。

第二次实践 5 月 20 日

第一次授课因为判定环节花了大量的时间,例题讲解没能呈现就下课了。课后,我及时反思并再次研读了问题探究式教学的含义:学生在教师的指导下找出问题,通过自己的调查,提出解决问题的方法,从而形成以问题为中心的教学活动。

一番思考后,我做了如下修改:在等腰三角形基础上探究等边三角形的判定时,不再细分到角和边的两次讨论,直接用一个活动代替。

探究: 已知△ABC 是等腰三角形,AB=AC,添加一个条件作为已知条件,通过说理能得到△ABC 是等边三角形。从①-⑥中选择一个合适的条件,并说明。

①AB=AB;②AB=BC;③AC=BC; ④∠A=60°; ⑤∠B=60° ; ⑥∠C=60°

选择:＿＿＿＿＿＿＿＿＿＿＿

说理如下:

结论:＿＿＿＿＿＿＿＿＿＿＿＿＿＿＿＿＿＿＿＿＿＿＿＿＿

图 1－10　探究题

课堂实录 2:(小组活动后的汇报环节)

师:(指着学习单)条件②和③有相同之处吗? 有必要都去验证吗?(停顿几秒)

生 4:②和③都是腰和底边相等的条件,因此只要验证一组就可以了。(部分学生恍然大悟的表情)

师:你能用一句话概括这段验证吗?

(众生思考片刻,还是上一个回答问题的学生率先举手)

生 4:腰和底边相等的三角形是等边三角形。

师:这句话有问题吗?(立刻有学生在台下提醒,回答的学生也反应过来)

生 4:腰和底边相等的等腰三角形是等边三角形。

师:非常好,我们已知两腰相等,添加腰和底边相等的条件实质上就是哪个判定依据?(教师环顾教室,眼神给予鼓励)

生 5:三条边相等的三角形是等边三角形。

师：不错！因此这种判定依据我们就把它归纳在定义的判定依据里。

......

前段课程进行得很顺利,在进行到修改过的探究活动环节时,安排4人一组讨论,选择一个条件,尝试判定的探究,并写下验证的过程。这一次活动效果好一些,基础中等的学生能根据学习单给予的条件进行分类,在边和角的条件中各选择1—2个进行分类验证。但是仍有不足:虽然有交流过程,但是讨论很简短,学生都埋头写自己的学习单。缺乏充足的交流导致部分基础一般的学生没能发现①—③条件的联系,机械地按序号依次验证,因此来不及验证角的条件,效果未达到预期。

第三次设计与实践(成果展示)

结合前两次试教中出现的不足以及听取了教研员的指导意见后,我再次修改教学设计。这一次的目标是培养学生问题探究的能力以及数学语言表达的能力。

综上,我重新设计了小组活动的环节,用两个大活动贯彻整节课的教学目标。并且重新分组,按学生水平平均分布,程度较好的学生起带头作用,活跃小组讨论氛围,避免基础薄弱的学生集中在一小组,进行无效活动,学习单也改为一组一张,由一名学生进行整理记录,借此提高小组活动的效率,进行有效的讨论。

课堂实录3:(活动二后的汇报环节)

师：哪组愿意交流?(师微笑鼓励,几个小组都踊跃举手)

生6:我添加的是……,我的验证过程是……

(生很自然地把上节课需要追问的腰和底边相等的情况说出来了,并且自己分类验证后发现就是根据定义判定的)

师：还有补充吗?

生7:(同组成员台下补充,其他组也想上台汇报)还要考虑角60°的情况,也要分顶角和底角的情况……

这两个活动的设计体现了上海市数学教研主题的理念——"关注思维过程、促进数学表达"。活动一在复习完等腰三角形的性质和定义后直接呈现,学生类比旧知填写表格,难度较低,汇报时学生说验证过程,教师板书;开展活动二之前教师先引导学生观察了等边三角形性质的条件和结论,然后不再给任何提示,完全放手让学生自主探究,教师下台巡视指导,每个活动时间均为6分钟。汇报环节把课堂的主动权交给学生,投影学习单,由小组代表上台交流,教师仅作补充追问。整个活动效果达到了预期。

反思与小结

通过此次课例研究,我对问题探究模式下的课堂教学有了新的领悟:引导学生提出有价值的问题,进而展开对问题的研究,训练其思维能力。课堂问题的提出,除了由教师提出,还可以由学生发现。教师在设计问题时,需要巧妙地设置问题情景,并进行一定的留白,形成教育心理上的认知冲突,这样能激发学生的求知欲望,而不是单一地展示知识点,实施灌输式的教学模式。合作探究、交流总结也是探究的重要过程阶段,在学生进入积极的自主探究时,教师应及时引导学生合作研讨,寻找解决问题的方法。斯托利亚尔认为:"数学教学就是数学活动的教学,而不是数学课本知识的教学。"新课改的教学理论指导下必须以学生为主体,初中数学的课堂教学既要关注学生获取知识的思维过程,也要重视揭示和建立新旧知识的内在联系,即现在提倡的单元教学设计。要关注前后教学内容的联系,注重单元教学对学习能力的培养,才能让学生在课堂教学过程中,充分地发挥学习主动性与积极性,才能培养初中学生独立思考的能力,并在此基础上发展学生的创新思维及自主探索能力。

在课堂教学过程中,还有些不完善之处,例如对学生的课堂评价不够丰富。在问卷反馈中,几乎所有的学生都表示"课堂上教师对你的评价非常重要,影响学习情绪"。可见,课堂评价也是问题教学模式不可忽视的一个环节。我在今后的课堂教学中,要及时地对回答问题的同学进行点评、鼓励或表扬,并将其成功的经验及时总结,对于失败的思路更要进行深入的探究，找到解决问题的途径。如何引导学生形成良性循环的学习互动模式，有效提高学生的问题意识和探索能力是以后值得探讨的方向。

——摘自张伍欣《问题探究：提升学生学习能力》

在新课改的教学理论指导下必须以学生为主体，初中课堂教学既要关注学生获取知识的思维过程，也要重视揭示和建立新旧知识的内在联系。要关注前后教学内容的联系，注重单元教学对学习能力的培养，才能让学生在课堂教学过程中，充分地发挥学习主动性与积极性，才能培养初中学生独立思考的能力，并在此基础上发展学生的创新思维及自主探索能力。

三、导而会表

学生的表达能力在各学科基本要求里面都有涉及，现代的学生怯于表达、羞于表达，甚至不会表达。在课堂上怕犯错，这是学生长期在课堂中养成的一个"坏习惯"，通常出现于中等生与后进生中。教师利用学导式教学法设计课堂的同时，更应在提问或活动中，疏导学生胆怯的心理，将学生推上课堂，鼓励其表达自己的观点，科学地表述自己的想法。

教师教学经验手记

三懂一清，渐入佳境

初中的物理课程基本要求中除了要学会简单的计算以外，最终的目标则是学会对事物发展规律的推理，要学会比较不同事物进行总结，所以物理学科优等学生，学习其他的科目时也可以用演变推理的方式去记住某些知识点。

在长期的观察与研究中，学生学习必须学会三懂一清。

第一、学生要会"看懂"。初中物理中涉及力、热、声、光、电的物理现象繁多,但学生不是每次都能够顺利地看明白的。在物理探究中,学生必须将"看"转化成"观察"。后进学生看表面,而优等学生看内在,两类学生最后的探究结果也会有很明显的差异,前者根本不知做什么,上课时就会容易走神,感到枯燥,后者通过探究得出所认为合理的结论后,有很大兴趣跟着老师将结论完善。如何将枯燥的知识形象化,激发后进生的学习兴趣呢? 久而久之,在上探究课的时候我就必须动足脑筋,力求将所有的眼光都吸引过来。首先要有出乎意料的视觉冲击,这就要求教师要结合教学内容,根据教学的具体情况,充分利用多媒体手段,选择既贴近学生生活又具有时代气息的事例,以图文并茂,形象生动且有利于学生内心体验的表现手法向学生展示具有设疑激趣特征的问题情境,让实验现象与学生的生活经验产生较大冲突。其次在课前设计指向性明确的问题,并预判问题可能出现的不同答案。再次手把手教后进生如何观察、比较。在物理第一节课"有用的物理学"中,我将两张 B5 大小的纸张平行竖直放置,请学生用力向纸张中间吹气,无论多大力气的学生,最后都将纸张吹合拢了,如果此时我问"你觉得原理是什么?",不用看不会有太多学生得出正确结论,但是我将问题改成"吹下去的气流流动路径是怎样的?",学生马上就能思考出答案。

第二,学生要会"听懂"。就是听懂率,听明白老师的话,听明白其他学生的发言。这就好像学习一门语言一样,听是说的另一方面的重要因素,听懂了,才能与他人交流,听不懂,只会在那里发呆停滞。这里的"听"还包括认真记笔记,笔记的作用是将学校所学的东西,在家中能够反复地巩固多次,并记住。对学生的笔记必须要有严格的要求:首先,字迹端正;其次,不遗漏;再次,听明白的也要写下来。听懂率对于一节课是否有效变得很重要。在九年级中,电学的课是最难听懂的,学生往往难理解含有电压表和电流表的电路图,在市里面对于该类型题的正确率也只在 $60\%—70\%$ 之间,在课堂上保证每个学生每次的听懂率那就更加不易了。在"电路动态变化"课中,我曾试过用两种不同的方法去教学生判断动态变化的过程,但我觉得效果都不好,每一种方法都会带来一个错误的思考方式,经过研究发现学生应用的时候并没有和笔记、课堂经验相结合,就好像拼积木硬将三角形塞进正方形当中,因此我对学生上课过程中有了个新的要求,听清楚物理量变化解决的顺序,听明白变化过程中,先有电压变化再有电流变化的事实。

第三,学生要会"读懂"。对于现在中考的要求,上课听懂会用,在很大程度上是没有办法很好地应试的。"读"指的就是将题目中的物理信息抽丝剥茧成自己解题所需要的物理量数据,甚至,要将物理量数据还原成物理信息,这就是对纸面上的物理的"观察"。例如"汽车在平直公路上,以 70 千米/时的速度运动",读明白这句话就必须认清主谓宾,汽车就是物理中所示的"物体",而后面是描述物体的运动方式,平直就是"直线",70 千米/时是"匀速运动",放在一起就是"物体在做匀速直线运动"。实验题中也常常出现很难捉摸的话语,如"吸收热量与升高温度和质量的乘积的比值",这实际借用了数学当中的代数语言表达方法,其中的"和""与"学生分不清先后。但物理方法有时和数学方法是一致的,所以在学生读题过程中,鼓励其使用数学方式读题,即 $Q/m\Delta t$。

最后,学生要会"说清"。中考中表格数据题以及情景题每年都是难点,得分率低的原因也往往是学生不善于规范地表达出物理结论或研究过程,现在的题目将物理结论规范成了固定格式,学生往往都不喜欢束缚。课堂上可以将每一次学生的表达作为鼓励的依据,让学生能够真正地说出自己的想法,课堂是学生的课堂,老师只是帮手,学生自己说出来的东西即使是不正确的,老师也可以细心指导其慢慢学会如何"说话"。

学生的学习方法是通过时间,以不断重复的方式,反复实施获取的,这种获取,一方面靠学生自己的态度维持下去,但更多的是靠老师不断地引导与鼓励自然形成的。"不以规矩,不成方圆","不积跬步,无以至千里"。狠抓三懂一清,学生自然形成好的学习习惯,做到课堂上真正懂清,才能稳固提高学生学习素养,以及物理学科成效。

——摘自张林《学导合一,及时反馈》

我们常常会将学生不求甚解表达的情形描绘成盲人摸石子儿过河，但现在学导式教学的回归，让课堂充满了师生的平等对话，导而会表，一方面象征着教师将课堂话语权还给了学生，另一方面象征着学生有了自主学习的意识，懂得表达观点、懂得表达他认为正确的观点。

学生如果在想学中会学，一定会有无穷的动力，一定会不断地琢磨，直到弄懂、学会为止。会学是奠定其终身学习的基础，会学是要解决好知识与能力的关系。掌握知识并不一定生成能力。学会提取知识、运用知识，才叫会学。学导式教学法将课堂所要求的简单记忆方式进化到理解、发现和能力的掌握，将旧式单一的学习方式进化到个性化学习、深度化学习等多样化的学习，封闭式班级课堂学习必要向外拓展，学生的"会学"由此指向了学生的"核心素养"并全面提升。

第二章

以学定教：学导式教学的姿态

教学是师生双向活动，从学生出发，以学生发展为归宿。教学的主角是学生，为此，要取得良好的教学效果，教师必须了解学生的学情，根据学情制定教学计划，确定教学策略，这是取得良好教学效果的前提。不了解学生，不了解学情的教学一定是无的放矢，不会达到预期的目的。

了解学生，把握学情。以学定教的前提首先是教师要了解学生，根据学生的情况确定教师的教，对象是学生。根据学情，设计教学。根据学生的实际确定教师的教，确定教的基本内容、基本要求、基本方法、速度、作业设计等。

有人提出了一个叫"枕头老师"的新名词。意思是枕头和脑袋紧靠在一起，但枕头却不知道脑袋在想什么，脑袋在做什么梦。因此，有教育家把不了解学生的老师称为"枕头老师"。我们每次考试前组织教师进行估分，教师拿到试卷后，根据试卷和自己所教班级学生的情况预估本次考试的平均分，结果有的教师预估的分数和实际分数相差无几，但有的教师预估分和实际得分相差近十五分，我想这样的教师可以算是"枕头教师"。对学生情况不了解，又怎能取得好的教学成绩？又怎能受到学生的欢迎？因此，以学定教的基础就是要了解学生。

了解学生，把握学情。以学定教的前提首先是教师要了解学生，根据学生的情况确定教师的教，对象是学生。为此，我们要求教师要和学生做朋友，也提倡学生在教师中找朋友，通过和学生做朋友，了解学生，为教学服务。同时我们要求教师通过作业、考试和家访全面了解学生的情况，为以学定教奠定基础。

根据学情，设计教学。根据学生的实际确定教师的教，确定教的基本内容、基本要求、基本方法，教的速度、作业设计等。我们最大的学情就是我们的学生是惠民中学的学生，我们的学生基础差一点，接受能力慢一点。因此，我们要求教师教学要慢下来，学会等待，要再来一次，教育本来是一门慢的艺术。我们要求教师不在学生身上找问题，只在自己身上找方法。教育需要的是循序渐进，不是立竿见影；教育需要的是和风细雨，不是暴风骤雨，在慢中找方法。

根据课情，调整教学。以学定教不仅要根据学生的学情确定教学，同时要根据每节课的课情，调整教学。课堂上老师在发现学生不认真听、分神、听不懂时，就要调整方法，找到适合学生的方法。教师是教学活动的设计者，学生学习过程的引导者，学生学习热情的调动者，解决学习困难的帮助者。教师要正确处理"讲了、听了、会了"的关系，讲了是手段，听了是关键，会了是目的。教学任务是否完成，不是以老师讲完没讲完为标准，而是以学生掌握没掌握、学会没学会为标准。

课后反思，改进教学。教师要根据课堂教学的情况、问题，进行课后反思和二次备课，改进教学。教师要善于改变自己，经常问自己这节课我为什么要这样上，还可以有其他上法吗，一堂课准备几种方法、几套方案。

孔子有云:"学然后知不足,教然后知困。知不足,然后能自反也;知困,然后能自强也。"教师必须要在了解学生的实际情况之后,才能有针对性地设计教学策略。经过近几年的实践研究,我校逐渐探索出了具有惠民特色的学导式教学模式。

第一节 了解学生,分析学生

古语有云:"知己知彼,百战不殆。"这句话同样适用于教学中。随着时代的进步,学生的素质和个性也趋向多元化发展。摆在教师面前的形式也十分严峻,想要提高教学效果,首先要了解学生,学会分析学生。

一、备足学情,心中有数

备课在教师的教学中是很关键的一个环节,备课的过程容不得半点松懈,因为教师的主要任务就是:传道、授业、解惑。如果在上课前教师自己都没有了解学情,做好充分的教学准备,那么也就无法掌控自己的课堂。在备课时要充分了解学生的实际情况,有的放矢,根据学生的不同基础进行有针对性的教学设计。

教师教学经验手记

新教师的"学生意识"

前几天,我和几位老师一起到初一年级听课,上课内容是《数学》"12.1开平方和平方根",上课老师是一位教龄只有两年的年轻女教师。这节课结束以后,几位听课老师聚在一起,交流了各自的一些主要想法,我仔细聆听后思考了一下,感觉有些想法需要记录下来再反思一下,对自己今后的教学不无裨益,而且还可以跟年轻教师一起交流感悟。希望在今后的教学中,大家都能够有意识地改进自己的教学过程,增强以学生为主的意识,提高课堂教学效率。

(一)备课时心中有学生
俗话说良好的开端是成功的一半,备课的重要性,不言而喻。章节备课时首先要通读一课时的教材原文,列出内容提纲,写出重点、难点,

---

然后构思突破教学重点、难点的方法，做课后练习，做学生回家作业，了解习题设计的针对性、题量的合理性与习题顺序安排的科学性，以及题型的多样性等等。知识重点和难点，教学过程和方法，需要在平时的备课过程中，花时间考虑一下自己一堂课有哪几个重点内容，列出个一二三来，如课堂上如何引出内容，如何突破难点，通过哪些训练可以进行巩固和提高，每个教学环节需要多少时间等等。上课前头脑中要像放电影一样过两遍，做到上课环节胸有成竹。

（二）讲课时口中有学生

上课过程中老师的口头表达往往能反映出对这节课的理解和准备情况。"开平方和平方根"是一节概念课，根号也是本学期开学两天刚刚引入的，对学生来说，还比较新颖，比较陌生。因此，上课时老师要带领学生把新学习的数学符号一起读几遍，还要告诉学生书写时的笔画顺序，如何书写更美观一点等。a 的平方根如何表示，怎样读？a 的算术平方根如何表示，怎样读？一个非负数的平方根的平方等于本身如何表示？一个数的平方的算术平方根等于这个数的绝对值，这两个性质语言表达和符号表达相互转换，老师要带领学生多说，让学生学会把自己的思想表达出来。老师还要有意识地带领学生读题目，帮助学生养成良好的阅读习惯，教会学生如何更快地从题目中获取有用信息，并进行归纳整理，迅速做出正确判断。

（三）板演时眼中有学生

老师的板书主要是给学生看的，因此要从学生的眼光看待自己的板书。对于学生的板书中存在的问题，老师讲解要有重点，代表性强的问题详细讲解。上课时要随时关注老师自己板书中是否有笔误和错误，学生板书中是否有笔误和错误，学生坐在下面会看得比较清楚，如果不能及时纠正，有些学生就会纠结很长时间。接下来重点说一下老师的板书。老师备课时都有一个板书设计，写明一节课的重点内容，以及这些内容在黑板上的书写位置。具体上课时，还要考虑字体的大小，使用什么颜色的粉笔更能让学生区分和重视,以及哪些内容需要保留到下课,黑板上哪一块留给学生板书等等。教师板演例题解答过程时,根据学生的认知水平和理解能力,应写出详细的步骤,目的有两个,一是给学生做解题书写规范,二是减少学生的理解障碍。上一次,听一位年轻老师讲"可以化成一元一次方程的分式方程的解法",这节课的重点和难点是如何将分式方程转化为整式方程。这位老师上课时没有演示如何找出最简公分母,以及如何利用等式性质去分母,而是想当然以为学生都已经掌握了如何去分母,书写例题时第一步直接写出了整式方程,说明老师对这节课的教学目标没有理解透彻。"开平方和平方根"这节课内容主要有三点:一,开平方和平方根的意义;二,正数、零、负数的平方根的情况;三,平方根的基本性质。对于以上三点,老师把文字语言和符号语言都写得很清楚、规范。但是,老师在书写例题时没有按照教材的格式书写,说明老师对教材为何这样书写的理解和把握不够。例如:求 25 的平方根。教材上格式:因为 $(\pm 5)^2 = 25$,所以 25 的平方根是 ± 5。老师书写的格式:$\pm \sqrt{25} = \pm 5$。教材上把求解过程分成两步走,首先是运用平方根的意义求出 25 的平方根,然后是用数学符号表示。教师忽略掉了最关键的第一步。而第一步正是这节课的难点,因为初一上学期学习过乘方,现在是学习开方,两者互为逆运算,而思维的逆向转换需要一个熟悉的过程,这正是本节课的关键。

(四)提问时耳中有学生

上课时老师要根据听到的,学生回答问题时的语言表达和讨论时无意间发出的感叹之词,分析自己的上课思路,及时调整上课过程。学生回答提问时,说的可能不对或回答不完整,老师要找出学生这样回答的原因,是因为自己没有说清楚,还是学生理解有偏差?这节课开始上课,老师第一个问题:上学期我们学习了乘方,请问什么是乘方?学生站起来,不知如何回答,思考了一下,说出了同底数幂的乘法和幂的乘方计算公式。这明显不是老师想要的答案。这时老师应该明白了自己的问题不够具体。因此上课时第一个问题不要过于笼统,指向性要明确一些,让学生知道老师想要自己回答什么内容。问题起点难度要低一点，要让学生回答得正确，起到暖场的作用。问题针对性要强，要有温故知新的引导作用。上课过程中间有一名成绩中上的学生回答问题时，把"$\sqrt{3^2}$"读成"3平方根号"，还有一名成绩不错的学生说自己这节课听得有点晕。这些信息老师都要收集分析，为下一节课查漏补缺，调整上课重点做好准备。

（五）批作业时手中有学生

我们都知道，作业是学生运用学到的知识解决问题能力的展示。老师对作业越重视，学生完成作业相对也会越认真。不论是课堂作业还是回家作业都能一定程度上反映出学生对所学知识的理解和掌握情况。老师批改作业时，不但要圈出错误所在位置，还应该帮助学生指出错误原因。如果有必要的话，针对学生所犯的共性错误，在作业本上写一个规范的作业格式，便于学生模仿老师的写法，自己订正作业。如果批改作业的时间比较充裕，老师可以在学生作业本上写些评语，对学生的努力给予肯定，对学生的进步给予表扬，对学生的马虎给予警醒，对学生的拖沓给予批评等等，让学生看到老师对自己的关心和尊重。学生的作业有时候不能一视同仁地对待，分层作业有时候也是需要的。能力较强的学生作业要求高一点，可以促使他们更好；能力稍弱的学生作业要求稍微低一点，这样可以提升他们的自信心，帮助他们提高学习兴趣。学生比较优秀的作业和老师比较得意的批语还可以在班中展示，对学生的进步可以起到一定的促进作用。

总之，学生是学习的主体，教师是学生学习的主导。老师虽然不是学习的主角，但是对学生学习的潜移默化绝对不容低估。老师不仅要有自己的主导意识，更要有学生意识。

——摘自李成顺《谈新教师的"学生意识"》

不仅是在数学教学中,对于我们每一位教师,尤其青年教师在课前一定要备足学情。教育心理学家奥苏贝尔曾说过:"如果我不得不把教育心理学还原为一条原理的话,我将会说,影响学习最重要的因素是学习者已经知道了什么。"而教学的最终目的也是通过教师的合理引导,使学生掌握丰富而多样的学科知识和技能,提高学习能力,促进学生全面发展。

二、抓住时机,点拨引导

课堂教学活动是师生互动、思维碰撞、创生智慧的过程。教师要在教学中,根据学生不同的学习基础,设计不同层级的问题,帮助学生建立有效的思考路径,通过有效提问,不断启发学生的思维。

(一)重视提问的逻辑性

二期课改提出了"知识技能、过程方法、情感态度价值观"的三维目标,这里的"过程方法"和学习经历关系密切;多年来,我们的教育往往以结果为导向,三维目标中"知识技能""情感态度价值观"都得到了良好体现,重在学生"习得",而"如何习得"恰恰是我们传统教育所忽略的,三维目标中的"过程方法"不知不觉被我们弱化了。"关注学生学习经历"的理念让教师在教学设计时有意识地依据一定的路径进行设计,以期让学生在一次次的学习中找到学习同类知识的方法,达到触类旁通的效果。

教师教学经验手记

教者有其道　学者有其径

《雁》归于沪教版八年级"生命的沉思"这一主题单元。文章叙述了两只大雁因飞往天空无望而决绝殉情的凄婉故事。《雁》的作者石钟山在《从〈横赌〉说起》一文中说:"对于文学来说,故事没有远近,新老之分,重要的是能从故事中提炼出人性的光辉。"我们从中能体会到雁身上所折射出来的人性光辉——对爱情的忠贞不渝、对自由尊严的不懈追求。当然,我们也从真正的人类身上感受到了冷漠、自私和贪婪。但我深知:自我感悟容易,让学生真正走进文本,深入体会却实属不易。通过解读文本、分析学情我将"再读课文 圈画品读"环节设计为:

1. 两只大雁最终选择了自杀,请你找出描写它们自杀的语段,朗读并圈出有表现力的词语。说说这些词语体现出雁的什么情感。

2. 文中还有哪些语句也表现了雁的这种情感?请同学们散读课文,圈画批注。

将"深入交流 理解意图"设计为:

1. 当大雁在苦苦地挣扎,而人类的代表——张家夫妇及村民们又是怎样的态度?请同学们圈画批注,交流相关语句。

2. 你想对文中的张家夫妇说些什么?

这个教学设计符合"关注学生学习经历"理念提出前的一贯设计风格:先整体把握,找出描写主要"人物"的语句进行圈画、品读,对文本中出现的其他形象亦进行分析。这个设计看似清晰合理,但问题与问题之间缺少必然联系,学生也不理解各环节之间的内在联系,故只能跟着老师的问题被动思考,无法找到学习类似文章的路径。

在听了市教研室曹刚老师的"沉船之前"及市教研室"关注学生学习经历"课题组开发的一系列课程后,依据"关注学生学习经历"这一理念,我对《雁》教学环节的这两部分重新进行了设计,"再读课文 圈画品读"环节改为:

雁的形象如此直入心灵,作者是如何塑造的?

1. 文中塑造了哪几类"人物形象"?

2. 在这个故事中他们分别是如何表现的?圈画、品读相关语句并做旁批,与大家分析交流。

"深入交流 理解意图"环节改为:

1. 他们为什么会有这样的表现?可以看出他们怎样的形象特点?

2. 本文主要写雁,塑造人和鹅的用意是什么?

语文教学是不断修炼的过程,多听名家上课、博采众家之长是每个语文老师成长的必经之路。曹刚老师的"沉船之前"及"关注学生学习经历"理念指导下开发的一系列课给我不少启发，于是这篇小说我也试图采用这种方法，还原学生一个思考的路径，教给他们解读叙事类文本的方法。总的来说，"关注学生学习经历"的教学理念在教学设计及实施过程中有三"重视"：

第一，重视整体把握

初中四年，八本语文书，上百篇课文，文章题材不一，主题千样，但学习一篇文章，"作者想表达什么"却是绕不开的课堂要旨，是师生合作研讨试图达到的终极目标。在往常教学中，我们往往容易急功近利，在对文本解读得并不到位的情况下就让学生作答，在学生得不出自己预设的答案后便直接将其呈现给学生，让学生抄下来，背诵默写。经过反复机械训练，学生虽然掌握了这篇文章作者想表达什么，但只是被动地接受，对于如何得知却昏昏然，遇到另一篇类似的文章便又一头雾水、呆若木鸡。

"关注学生学习经历"的课堂将"作者想表达什么"作为首要问题提出，并时刻不忘提醒学生关注这一问题。显然，这一问题作为一堂课的终极目标，学生不可能一下回答出来，为了引导学生解决这一问题，首先提问：本文讲了一个怎样的故事？在"再读课文 圈画品读"这一环节先设计了这样的问题：文中塑造了哪几类"人物形象"？这一是让学生带着问题阅读，带着问题阅读就有了阅读的目标，对文本的理解自然而然就会更到位；二是让学生在阅读时注意整体把握文章，有了整体把握的基础才能高屋建瓴地对文本进行分析。

第二，重视紧扣文本

"语文教学的核心是语言"，脱离了文本的课堂只能是无源之水。在整个设计中，始终紧扣"作者想表达什么"这一首要问题，为了解决这一问题，设计了一系列小问题，又为了使这几个问题不至于零散，把它们都统领在"雁的形象如此直入心灵，作者是如何塑造的？"这个主问题之下，注重问题之间的逻辑联系，由圈画品读直接描写雁的句子到写鹅、写人类的语句，一步步体会作者匠心独运的安排：塑造鹅、人都是为了烘托雁的形象。鹅没有梦想，不懂自由为何物，而人类则是这起悲剧的制造者，旁观者。在这个过程中，时刻注意追问：你是如何读出来的？你的依据是什么？你从哪里看出来的？不断提醒学生，语文课堂中手上的教材是所有问题及结论的全部依凭，离开了它，一切都是无本之木，没有任何意义可言。

"关注学生学习经历"理念指导下的教学，引导着教师有意识地关注语言。如"她在一天天地等，一日日地盼，盼望着自己重返天空，随着雁阵飞翔"，可将之与"她盼望着自己重返天空，随着雁阵飞翔"和"她在等，在盼，盼望着自己重返天空，随着雁阵飞翔"进行比较，在此过程中就会思考作者的表达与整段、整篇的关系，进而思考其对表达情感的作用。基于语言对文本解读的重要性，教师一定要熟读文本，做到烂熟于心，有了这样的基础后才会形成对文本的独特认识，从平时易忽略的文字中发现其独特价值，关注小处的语言文字是怎样为主题服务的。另外，从作者尊称雁为"丈夫和妻子"，而对人类则冠以"男人和女人"的反差中，体会到他的褒贬情感，这同《煮酒论英雄》中对曹操直呼其名，而对刘备则称其字"玄德"有着异曲同工之妙。

第三，重视内在逻辑

面对一篇文章，每一位语文教师都能捕捉到文章的重要信息，把握住文章的显著特点，总结出作者的写作目的。但是授课不是教师把自己的理解强加给学生，学生亦不是拾教师之牙慧，而是由教师交给学生一把钥匙，让学生自己去开启阅读理解的大门，从而学到不单这一篇，而是这一类文章的阅读方法，这就尤其要求教师在问题设计时注意其内在逻辑性。

"所谓提问的逻辑性，指的是问题组之间的逻辑链，问题之间的逻辑链，这里往往隐含着解决'这个'问题、'这类'问题的思路、步骤、方法等，提问的意义能否真正得以实现，与之关系密切。"比如："这部分写了几类人？""他们面对什么样的情形？""在这种情形下，他们各自的表现是什么？"这些问题的推出，是为学生建构阅读这一类文章应该有的思想方法，是对学生头脑的武装。至此，一个阅读叙事类文本的方法路径就完整了：本文的故事情节——文中出现了哪些形象——这些形象具体是怎么样的,作者是怎么写的——几类形象之间的联系是什么——作者想借此表达什么。

这一问题链,曹刚老师在上"沉船之前"时用"人""情形""表现""关系"提炼了出来,意在给学生阅读叙事类文本提供一个可供借鉴的学习思路,有了问题链的铺设,学生得出"作者想表达什么"便水到渠成了。

"关注学生学习经历"的提出让我们深刻认识到:读懂很重要,怎么读懂更重要,这也正是新课程提出的"以学生发展为本"理念的体现。授人以鱼不如授人以渔,在语文教学中,唯有教育者关注学生学习经历,注意教育方法,关注学生如何"习得",教材方能充分发挥其作为"例子"的作用,学生才会在学习过程中掌握到学习路径,进而"举一反三,练成阅读和作文的熟练技能"。

——摘自张梅《教者有其道　学者有其径》

(二) 提问的引导性

教学是由各个环节组成的过程,在这一过程中,课堂教学是主阵地,课堂教学的质量直接影响着整个教学过程的质量。在课堂教学中又有许多环节,其中一个重要环节就是课堂提问。它是课堂师生双边交流的重要方式,也是调动学生课堂学习积极性,检验和了解学生课堂教学的重要措施,更是课堂调控的重要途径。准确利用课堂提问对提高课堂教学效率有着十分重要的作用。

影响课堂提问效率的因素有很多,目前提问中存在的主要问题有:提问的内容难易度、问题的准确度、问题的清晰度、问题与提问对象的对应问题,没有提前预设,提问存在很大的随意性,形式上一对一,没有起到提问一个带动一片的效果等等。这些问题已经开始得到教师的充分重视,但提问中另外一个影响提问效果的重要因素,大家并没有引起高度重视,这就是课堂提问中教师的站位问题,这个问题虽然没有得到教师的高度重视,但对提问的效果却的确有着非常重要的作用。

所谓课堂提问中教师的站位就是教师在提问时与被提问学生之间的距离、位置关系。根据笔者多年的教学经验,科学的提问站位应该具备两点:

一是教师必须站在被提问学生的前方,这样站位的好处是教师可以随时观察到被提问学生的表情,通过学生的表情可以察觉学生对提问的问题是否理解,会与不会,从而及时采取下一步措施,以便达到预期的提问效果。

二是教师与被提问学生之间应该保持一定的空间距离。作为教师,我们都知道,课堂提问中,表面上提问的是一个学生,但提问的目的绝不是单纯为了一个学生,而是通过提问一个学生影响全体学生或大部分学生。教师和被提问学生保持一定的距离,这样提问中就可以形成两个空间辐射区,一个是教师周围的辐射区,一个是被提问学生周围的辐射区,在这两个辐射区内的学生心里有一定的紧张感,危险度,在这两个辐射区内的学生内心都有一种被关注,即将被提问的紧迫感,必须随时准备接受提问,因此,在这种心理驱使下,会认真听老师提问的问题,思考老师提问的问题,这样就达到了提问一个调动一片的目的,提高了提问的效果。如果教师近距离提问,教师的辐射区就没有了,不在这个辐射区内的学生就会放松警惕,把提问看成是被提问学生的事情,和自己无关,进而不去认真听,也不会思考教师提问的问题。提问很可能就成了一对一的对话。如果教师与被提问的学生距离较远,会影响教师和被提问学生之间的交流,同样会影响提问的效果。具体的距离,教师可以根据班级和学生的数量决定。一般三米为宜。距离太近,对学生有一种压迫感,不利于学生思考和回答,距离太远,不利于学生和教师呼应,学生容易松弛。保持适当的距离,有利于给提问学生思考的时间。教师和被提问学生之间相隔一定的距离,一定程度上减轻了被提问学生因提问造成的紧张压力,更加有利于学生思考和回答问题。当提问学生回答不出时,教师慢慢靠近,慢慢引导,给学生留出更多的思考时间。

三、重视反馈,改进教学

教学过程由备课、讲课、辅导、作业、考试等许多环节组成,在这一过程中,每个环节都发挥着不可替代的作用。只有每个环节都做到效率最大化,质量最优化,才能保证整个教学过程的高水平,高质量,才能取得良好的教学成绩。在教学过程的各个环节中,作业的作用尤其重要,平时我们发现,同样是教艺精良,课堂教学水平,教学能力相差无几的教师,但教学成绩却有着很大的差别,其中作业的差异是一个重要原因。正如上海市教委副主任尹后庆所说的:"问题还出在教师在实施教学过程中对作业效度的轻视,几乎是个致命伤。"

从作业的作用来看,一是教师通过作业让学生巩固所学知识,引导学生学会思考和创新。二是通过作业检查学生对知识的掌握情况。三是通过作业,教师获取自己教学的信息,检查自己教学中的得和失,从而更好地改进教学。如果说听课是别人检查自己教学情况的话,那么学生作业就是教师检查自己教学情况的重要手段。教师课堂教学的情况通过学生的作业就能反映出来。因此,教师必须特别重视作业的作用,重视作业的信息反馈,通过作业查找自己课堂教学中的问题,来不断改进教学。

从目前的教学情况来看,教师还没有真正认识到作业的作用,对作业还没有引起真正的重视,特别是不少教师把作业单纯看成是检验学生学习情况的手段,没有认识和发挥作业的信息反馈作用。作业质量不高,在一定程度上也制约了教师教学水平的提高。正如上海市教委副主任尹后庆所讲:"高质量作业的缺失将教学的基本环节'拦腰斩断'。"为了真正发挥作业的作用,在教学中,我从以下几个方面对作业这一环节进行了改进。

首先,用领导者的态度布置作业,增强作业的目的性、有效性。一个能力强的领导要开会布置工作,首先必须对要布置的工作进行一番仔细的梳理和准备,分清主次、轻重,具有明确的目的性,对于哪些问题比较容易解决,哪些有一定困难,什么问题对哪些单位比较容易,对哪些单位比较困难,心中要非常清楚,决不会不分主次地全部布置下去。同时就如何解决这些问题提出一些建设性的意见和建议。

作业布置也应该是这样,教师布置作业也应该像领导布置工作一样,首先必须做到自己心中有数,把作业的内容自己梳理一遍,分清主次,同时对不同学生对作业的完成度做到心中有数。目前,应该讲,随着教学的发展和教学改革的不断深入,人们对教材的研究水平越来越高,各种辅导资料满天飞,《一课一练》《每日精练》《学习与辅导》《学习导向》等,应有尽有。可以讲,教师不用自己动手,信手拈来,作为完成任务应付一下是完全可以的,但这样的作业难以收到自己预期的效果。应该说,任何教师上课都有自己不同的内容,不同的思路,不同的要求和目的,要布置什么作业,通过作业解决哪些问题都有自己明确的目的和要求。别人的作业是别人对教材的理解,只适合编者的意图和他所面对的学生,用别人千篇一律的作业,解决不同的问题,难以达到巩固知识,发现问题,获得信息的目的。

因此,为了更好地发挥作业的作用,每次作业前我首先加强对教材的研究,彻底吃透教材精神,自己编制作业,同时自己争取多看一点别人的资料,开阔自己的思路。在此基础上,根据自己的教学要求和所要解决的问题,自己学生的水平,在许多种练习册的题目中把适合自己的题目选出来,然后再把这些题目重新组合,组成几套或一套题目,作为作业。每道题目达到什么目的,解决哪个知识点,都有很强的针对性和明确的目的。每道题有每道题的效果,增强了作业的针对性和目的性,对解决教学中的问题,提高教学质量是非常有效的。这样一来,学生作业的量少了,但作业的针对性、目的性更强了,效果也更好了。否则,毫无选择地把别人的大量的题目布置给学生,学生不知道哪些是重点,哪些是非重点,教师为什么要选择这道题目,学生根本不去思考,学生成了做题目的机器。学生只是为完成任务而做,没有思考、分析、归纳的时间和过程,做过以后脑子里什么也没有留下,这样既使学生容易养成不良的习惯,也难以收到好的教学效果。

其次,用检修工的态度对待作业,提高作业批改的艺术。检修工的工作就是要及时发现设备的问题,及时排除问题,保证设备的正常运行。这就要求检修工必须仔细、认真,否则就不能发现问题的所在,更不能有效地解决问题。教师批改作业就是要像检修工一样,找问题。找作业本身的问题,作业是否做错?找作业背后的问题,为什么错?错的原因?这就要求教师也要像维修工一样,做到认真、细致,不放过任何一个小问题。否则就找不出学生作业中,特别是作业背后隐藏的问题,也就没有办法进行解决,更没有办法通过作业发现自己教学存在的问题,也就不能有效地改进自己的教学。有的学生一道题目做错了,也许不是单纯一道题的问题,而是课堂没有认真听讲,做题方法出现了问题。一个问题如果只有个别同学错了,说明是学生听课的问题,如果是大部分同学都在一个问题上出现问题,那说明可能是教师课堂讲课出了问题。这些问题只有通过认真地批改作业,在作业中才能发现。这就要求教师在作业批改时必须特别细心。为此,在作业批改中,我采取分类批改方法,因人而批,我把学生作业按照平时的水平分为好、中、差三类(只有老师自己和课代表知道),好的同学,作业不会有太大的问题,因此在批改的过程中主要看一些关键的、特别容易出问题的知识点即可。对中等学生一般采取书面批语详细的批改方法,把作业中存在的问题通过书面批语和学生讲清楚。个别问题比较多,需要面批的,在作业上面注明,让学生在规定时间带作业到教师办公室来进行面批。对第三类学生,除采取第二类同学的方法以外,我又把这些学生分为三批,每次面批三分之一,在面批的过程中,把几次作业中的问题一起解决。对作业的内容不是简单地用"√"和"×"来判断正误,更多的是用语言把错误给学生说清楚,加强和学生的作业交流。

再次,用人性化态度要求作业,区分作业层次。人的智力和能力的确是有差别的,这是客观事实。对前面讲的三类同学中的好同学要求在完成教师布置的作业以外,每次必须自己再增加一到两道比较有难度的题目,即按时、保质、超量完成作业;对中等同学,要求必须在规定时间内完成规定的作业,保证作业的质量,即按时、保质、保量完成作业;对基础相对比较差的第三类同学,我要求他们必须尽力而做,可以有完不成的题目,但必须要按时交作业,即按时、缺量完成作业。这样,既做到了让好学生吃饱,差学生吃好,又避免了第三类同学为完成老师任务抄袭作业的现象,使各类学生都能在自己的基础上取得进步,得到提高。

总之,作业是教学过程的重要环节,在教学过程中发挥着重要的作用,只有充分认识作业的作用,并不断进行改进,才能更好地促进教学水平的提高,取得更好的教学成绩。教师要根据学生学习实际情况的反馈进行反思、二次备课,以达到不断提高课堂效率的目的。尤其要重视学生作业的批改,因为学生的作业是学生课堂学习效率的最真实体现,所以要关注学生在作业中暴露出的问题,并进行合理分析和正面引导。

无论是教师的手写批改作业还是借助云平台接受学生作业的反馈,最终都是为教师能更好地了解学生的学习情况,分析学习中存在的问题所服务的。滴水穿石,厚积薄发。教师就是在不断地总结与反思中提升自己的教学水平的。

第二节　了解学生的差异

学生的基础是不同的,个性也是多样化的,那么如何能够使学生在惠民中学这个大家园中个性得到充分发展呢? 我们必须要了解学生的个体差异。

一、了解学生的生活背景

心理学家阿德勒曾经说过,幸运的人一生都被童年治愈,不幸的人一生都在治愈童年。可见一个人童年的生活环境对其性格的影响是巨大的。我们可以通过了解学生的生活背景来分析学生性格养成的原因,并采取针对性的措施进行引导。

<table>
<tr><td>学校行为规范教育手记</td></tr>
</table>

外来务工人员同住子女在学校教育中健康成长

就我校而言,外来务工者子女的数量已占全校学生总数的50%以上。他们随自己的家长漂泊在不同的城镇之间,尽管在陌生的大都市取得了上学的机会,但他们因为家庭贫困、大部分父母没有很高的文化、居住环境差、学习生活没人照管等诸多原因,与城市的孩子相比造成了学习差距、经济差距、文明差距、尊严差距等,身心健康令人担忧。

由于外来务工者子女在思想品质、道德行为、生活习惯等方面受到家庭、环境等各种因素的影响,虽然也有一部分孩子积极向上,勤奋学习,表现良好,但大部分学生的品行习惯较差,有较强的自卑感,自我封闭现象较为严重。有些孩子学习基础很差,对学习缺少兴趣,难以适应城市的教育;还有些孩子没有上进心,时常说脏话、粗话、旷课、逃课、打架、斗殴等现象时有发生,甚至染上不良习气,荒废学业。

——摘自张琼《力促外来务工者子女在学校教育中健康成长》

通过对学生家庭背景和生活环境的了解,我们可以分析出学生不良学习习惯形成的原因,并针对学生的实际情况进行适时的正面引导,与学生一起制定一个具体的可实现的小目标,并在取得一定进步时给予鼓励。

二、了解学生思维差异

基于学科的特点,我们可以通过直观的图示或实验使抽象的规律具体化,引导学生参与其中,使学生在参与过程中感受探究的乐趣。

教师导学经验手记

从"意象思维"的视角看"物理图示"

郅庭瑾教授在《为思维而教》一书中提到:"……尤其在当前的教育被大量的无休止的记忆性知识充斥的状况下,发展学生的思维,应该成为教育的基本使命。"为思维而教,创生智慧,已经成为现在教育界的一种较为普遍的认知。但是思维问题却是一个非常复杂的问题,我们首先得有一个大概的了解。

思维科学作为非常年轻的科学门类,对它的研究还很浅薄。我个人的学习更是粗浅。但是在最近的几次体会中,似乎发现了一些有趣的东西。

以下是两道物理问题。

"在软绳两端各绑一石块,绳长 3 m,拿着上端石块使它与桥面相平,放手让石块自由下落,测得二石块落水声相隔 0.1 s,求桥面距水面的高度为多少米。"

图 2-1 是以上端小球为研究对象,水面作为参照物画出的"运动示意图",它将整个运动过程中的运动学量清晰地标识了出来,尤其将原本比较抽象的位置关系,某段时间对应的某段位移较为形象地呈现了出来,使得我们在分析这一复杂的运动过程时,有了一种较为具体的形

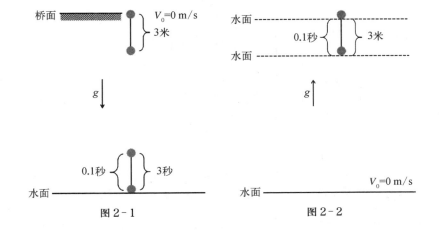

图 2-1

图 2-2

象,便于理解和分析。图 2-2 是以水面为研究对象,上端小球作为参照物画出的"运动示意图"。它将原本比较复杂的参照物的变换,通过具体的形象加以表现,使我们一下子就看到水面相对于上端小球做初速度为零的匀加速直线运动,加速度大小为 g,方向竖直向上。

"…… 若在乙上方沿水平方向切去厚为 Δh 的木块,并将切去部分竖直放在容器甲内,此时水对容器底部压强的增加量为 $\Delta p_水$,容器对地面压强的增加量为 $\Delta p_地$,请求出 $\Delta p_水$ 与 $\Delta p_地$ 相等时的 Δh 的取值范围。"

图 2-3 为原本题目自带的插图。图 2-4 和图 2-5 是两种简单的放入物体后的情景图。通过这一具体的形象,我们很容易发现,放入的物体越高,水面上升越高,但是如果物体露出水面,水面将不再升高。图 2-6 为受此启发后,想到的临界情境应该是,放入的物体恰好浸没时,水面上升到最大高度,而且此时物体的高度最小。

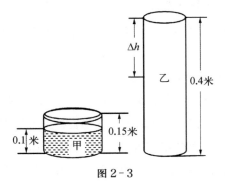

图 2-3

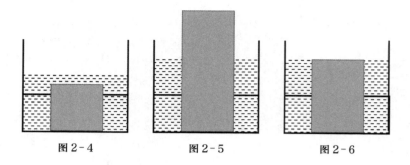

图 2-4   图 2-5   图 2-6

以上两个例子分别是高中物理和初中物理中比较复杂的两个情景，学生要能独立处理这样的复杂问题，需要具备的能力是很多的。但是通过绘制情境图显然可以更为直观地表示出物理的本质规律。图像中所蕴含的内容可能还远不止于此……

——摘自史文君《从"意象思维"的视角看"物理图示"》

根据学生的个体差异和学科特点，采取针对性的教学策略，创设有趣的情境，利用直观的图示与实验，活跃课堂气氛，激发学生的学习兴趣，以达到培养学生形象思维与抽象思维的目的。

三、了解学生的兴趣爱好

黑格尔曾经说过，一个深广的心灵总是把兴趣的领域推广到无数事物上去。我们学校也正是基于学生兴趣爱好的不同，创设不同的学生喜闻乐见的拓展课程，满足不同特长和个性的学生向不同方向和层次发展的需求；开展丰富多彩的校内外实践活动，在各项活动中保证外来务工子女的参与面，让他们能在普及式的教育教学中接受熏陶，感受校园生活的美好。

惠民中学在每周二下午安排两节课对预备年级到初二年级的全体学生开设丰富多彩的拓展课程，参与学生率达 100%，并利用每周五下午和周六上午的时间，开设部分艺术拓展课。目前的拓展课程有舞蹈、合唱、评弹、独脚戏、沪语、快板相声、美术、陶艺、乒乓、羽毛球、影视欣赏等。

拓展课堂上更多的是体现了学生自主学习和实践活动,这些课程也让外来务工者子女学会求知,学会创造,使他们在轻松愉快的学习环境中开阔眼界,拓展思维,提高修养和审美能力。通过拓展课堂实践活动,不少外来务工者子女激发了自己的兴趣爱好,养成了欣赏美、表现美的情感,提高了创造能力,陶冶了高尚情操。

　　中国古代先哲很早就提出了和同之辩的命题。进入新时期,国家更是倡导"和而不同,美美与共"的时代意蕴,教育更应以包容、平等的心态尊重学生的个性差异,根据学生不同的兴趣爱好,设置相应的拓展课程,有利于学生个性的发展与能力的提升,这也是我校一直很重视的一个方面。

第三节 确定教学策略

凡事预则立,不预则废。在充分了解分析学生的实际情况以后,可以根据不同层次的学生制定教学策略。我们可以通过创设情境导入新课,激发学生的学习兴趣;在课堂学习中设计有层级梯度的问题,采取合作学习的方式,不断启发学生思考;在课后要对上课的每个环节进行反思,总结经验。

一、情境导入,激发兴趣

随着信息技术的发展,越来越多的网络信息技术走进了课堂教学,教师在掌握了更多的信息技术之后,能利用它们有效地辅助教学,从而不断提高课堂效率。在导入新课时,可以通过播放生动有趣的视频来激发学生的学习兴趣。

教师导学经验手记

以慧启智 创设情境

近几年来,杨浦区着力打造"创智课堂",其基本理念是:"学习即创造",学生对知识的建构是内省的,学习的本质是人类心灵的主动建构;"教学即研究",教学不是传授预定知识的过程,而是引导学生探究知识、体验生活,生成精彩的思想与观念的过程。古诗文课堂中,也要落实这一理念,引领学生走向启迪智慧、进行创造的新型课堂。

为了让学生能在课堂上收获更多,教师需要运用所学更有效地指导学生的古诗文的学习,我试从以下几个方面进行尝试。

(一)微视频创设预习情境

微视频是近年来新兴的辅助教学手段,能够激发学生的学习兴趣和生命体验,引导他们欣赏经典作品,体味古圣先贤的生命情感,走进他们的生命世界。

在学习《月下独酌》这首诗时，我为预习阶段准备了两个微视频，一为李白生平简介，一为古诗词赏析之法。李白简介是试图让学生全面了解李白其人其事，包括他的满腔抱负、孤独寂寞，甚至他浪漫的死亡传说；诗词鉴赏之法则是一个方法的总结，给学生提供一些信息，就是从哪些切入点进入诗歌文本，以什么样的方式去体悟和感知，俗话说"授之以鱼，不如授之以渔"，因此这是很重要的一个环节。课堂上学生的表现也足以说明，他们通过知人论世的方法，全面了解了李白这个人，体验了他在月下独酌时的心境，理解了他在诗中所表达出来的深沉的孤独。

这节课上我使用的软件有智能 WPS OFFICE、扫描王 HD 、UC 浏览器等，当然还有最基本的网络环境。这些软件给我的课堂带来了不一样的体验和感悟。动画效果的月亮美景一下子把学生带入了一个纯洁的世界，学生能体验到良辰美景却只有一人独饮的直观孤寂；接着我把学生用优美文字描绘的诗中美景当场投射到屏幕上，让全班同学品味欣赏；为了更好更全面地了解李白，我引导学生到网络上分享的文章里去查找李白和月亮的不解之缘，以及李白在月光世界里的人格分析。这些都是我们平时的语文课上很难涉猎的，这样的拓宽视野是很难得的。

（二）课本剧表演创设学习情境

古人云"以诗言志"，诗歌是表达诗人志向的重要载体，但如果学生不知诗歌社会背景、作者人生阅历，则对诗歌的把握就始终隔了一层，做不到深入体验。课本剧表演有时是课堂上快速入情入境的有效方式。

古诗文丰富的内涵要求我们注意到学生的独特体验，而课本剧是一种学生喜闻乐见的情境教学方式，能让学生更好地体验古诗文，使我们的语文课堂焕发出活力。用简洁生动的语言将诗文涉及的时代背景、人物的身世遭遇、所处环境编成小故事，借此触发学生的想象，让学生好似身临其境。例如在学习杜甫的《登岳阳楼》时，由于时空、年龄、处境等原因，学生较难产生情感共鸣。采用故事导入法，可以让学生尽快地入情入境。"1 200 多年前，一个衣衫褴褛、步履蹒跚的老人立在湖南岳阳楼上。

江畔,泊着一艘孤零零的小船。这位老人,疾病缠身,似乎已走到了生命的冬季。而此时,国家正处在战乱之中,他远离家乡,孤独地漂泊着……"接着,音乐响起,在凄凉哀婉的乐声中带领学生有感情地诵读全诗。这样能让学生置身于悲凉的气氛中,尽快融入诗词的意境,对杜诗那种沉郁顿挫的诗风也能体会颇多。又如学习白居易的《卖炭翁》,笔者让学生自行排演课本剧,他们在表演课本剧的同时,深切地体会到官吏的横行霸道、残忍无情、强取豪夺,也在卖炭翁的无奈、辛劳、无助中体会着官吏的掠夺本质,对百姓的剥削和摧残,白居易用一首诗将整个社会的现状一览无余地展现在了读者面前。

在课本剧表演中,学生可以通过扮演剧中角色,体验文中人物的悲喜忧乐等。这样的情境体验,使学生更能深切地体味与己不同的人生,更好地理解距今久远的古代作品中所蕴含的丰富情感。

(三)追本溯源深化学习情境

对于低年级文言知识积累较少的学生来说,读背必不可少。但学生今后还要遇到许许多多的古诗文,你不可能篇篇讲到,所以在讲授到某个知识点时若能普及点同类问题或相似问题,便能让学生在盲目接受的狭境中犹如醍醐灌顶,豁然开朗。例如《吕氏春秋》两则——《刻舟求剑》《引婴投江》中有"遽契其舟""其子岂遽善游哉?"两句,第一句中"遽"解释成"立刻,马上",第二句中解释成"就"。一种做法是让学生生硬地记下这两个解释,另一种做法是将"遽"的四个解释列出来:(1)本义:送信的快车(马);(2)引申为急速、快;(3)音同"惧",解释为恐惧;(4)形同"遂",又可解释为就,遂。这两个方法中哪种更有效更可取呢?不难看出,第一种方法学生遇到本两句解释时解答自然不成问题,但因只知其然不知其所以然,在其他地方遇到这个字必然是一团乱麻毫无头绪,而第二种方法则让学生在较好地理解了"遽"的各种解释由来的同时,又知道了文言字词解释可从本义、引申义、音通(同)、形通(同)等方面去考虑,真正做到了由"学会"到"会学",有效地提高了课堂教学效果。

又如学习古诗《观沧海》。《观沧海》是建安十二年九月曹操北征乌桓胜利班师途中登临碣石山时所作。这首四言诗借诗人登山望海所见到的自然景物，表达了诗人豪迈乐观的进取精神，是建安时代描写自然景物的名篇，也是我国古典写景诗中出现较早的名作之一。若在探讨完本首诗歌后，引导学生总结诗歌学习的一些方法，则能让学生做到触类旁通、举一反三。如"以诗言志"，诗歌必然抒发诗人的思想，因此结合诗人经历、时代背景是理解诗歌的必然之途，如情景交融的古诗处理方法，又如集中体现古诗中心的诗句、字眼即"诗眼"等。若能适当地归纳这些，则自习完成《步出夏门行》另外三首《冬十月》《土不同》《龟虽寿》的学习绝非难事，同时对其他诗歌的学习又大有裨益。

（四）专题探究升华学习情境

当学生古诗文积累到一定程度时，教师可以指导学生进行古诗文整理归类，有兴趣的还可以进行专题研究。

结合初中生实际，教师可以选择以"内容"为专题来引导学生将学过的古诗文加以分门别类，如送别诗、爱情诗、山水诗、边塞诗、言志诗等，挑选其中一种作为专题研究。学生可充分发挥自主学习、自主探究能力，根据自己的兴趣爱好研究自己喜爱的作品。也有学生把诗中月、诗中花、诗中雪作为专题来研究，如一位学生在学完《月下独酌》后，以"诗中月"为主题，搜集课内外与月亮有关的诗词佳作，还加上自己的品味赏析，并配上相应的明月图片，真是美不胜收，让人眼前一亮。再则，也可以按照作者专题来分，比如李白、杜甫、白居易、李清照、柳永、苏轼、辛弃疾等，让学生通过作者专题来收集，能更加全面了解诗人诗作，学生在这种活动中收获的不仅仅是几首诗而已。

——摘自张梅《以慧启智 创设情境》

除此之外，也可以通过邀请学生亲身体验实验或活动，激发学生的学习兴趣。

探究物质质量与哪些因素有关

一、设计实施

本节课的重点是：经历问题提出、实验设计的过程，记录、分析实验数据，归纳得出实验结论，感悟密度概念的形成过程。因此主要设计了以下几个活动：

活动一：激发兴趣，引入课题（3 min）

请一位学生上台，两手分别掂一下两个大小不同的实心球，谈谈体会（哪一个更重）。两个质量不同体积相同的物品，再请学生感受它们的轻重是否相同。根据这个学生活动，教师引导学生猜想：质量与什么因素有关？（体积、物质种类）

活动二：经历探究过程（22 min）

根据提出的猜想，请学生选择实验器材，怎样测出不规则物体的体积呢？请学生上前演示用量筒测量不规则物体的体积（注意实验操作的规范性）。之后简单设计实验过程并进行实验。得到并记录实验数据后，分别用列表法和图像法进行分析，归纳得出结论：同种物质，质量和体积的比值是个定值；不同物质，质量和体积的比值不同。

活动三：认识密度，简单应用（15 min）

为了更好地研究质量与体积的比值，引入了密度这个物理量，请学生根据得到的结论试着说一下它的定义。教师引导学生认识密度及相关知识。并通过判断"铁比棉花重"这种说法是否正确，以及国产大飞机C919 与密度相关的应用，来初步巩固密度的知识。

二、实践感悟

这节课教学环节设计符合课程标准及教学基本要求，但是在实践后总体感觉不是很好。老师是一名见习教师，由于经验的缺乏，对教学节奏的把控还不到位，使得在实验环节浪费了一些时间。这当中反映的问题还包括教师的语言缺乏艺术性,对学生缺乏吸引力,导致设置的问题不能很好地调动学生的积极性。教师针对这一系列问题应该认真反思,在备课的过程中把控教学节奏,钻研、锤炼自己的语言,使学生体验好的教学实践课。

——摘自穆秀丽《探究物质质量与哪些因素有关》说课稿

这种引导方式在理科学习中运用得比较多。在教师的引导下,学生参与其中,并积极思考,为课堂学习活动的展开做好铺垫。

二、合作学习,启发思考

学生的思维发展过程是一个由浅入深逐渐提升的过程,所以在教学过程中,可以通过设计层级递进的问题来启发学生思考。

教师学导式教学手记

有效追问在初中英语课堂中的运用

"Travelling in 10 years' time"是牛津上海版六年级第二学期 Unit 7 Travelling in Garden City 的第二课时,交通出行这一话题贴近学生的现实生活,学生们易于接受,学习热情高,学生有话可说,乐于表达。而英语课堂中的有效追问正是教师指导学生形成有效的学习策略,启发学生思考,培养学生综合语言运用能力的重要途径。课堂追问,它是指教师针对某一内容或某一问题,为了使学生弄清弄懂,在学生已有理解的基础上,对问题的"二度提问"。它要求根据师生互动情况,对学生的解答及时做出点拨和引导,从而培养学生的综合语言运用能力。

我考虑到教学时间为 40 分钟,执教班级英语基础薄弱,所以,我将学习目标确定为:1. 掌握各种交通工具和交通设施的单词。2. 通过使用

"Perhaps all/most/some/none of ..." "Perhaps there will be more/fewer ..."谈论 10 年后的交通出行发展。3. 对上海未来交通变化提出更好的建议,并欣赏我们城市的美好变化。

基于这样的目标,我将整节课预设的教学流程大致分成四个环节。第一个环节:复习引入。对第一课时公交车出行的变化进行复习,对已知的交通工具进行复习。第二个环节:听前活动。交通设施词汇的学习。第三个环节:听中活动。学习句型并进行文本深入探究。第四个环节:听后活动。输出所学句型。在前三个环节中,我充分运用了提问和追问的教学方法,引发学生的思考、讨论与解答。

环节一教学片段

T:How do you usually go to school?

S:By bus.

T:How do you pay for the ticket?

S:I use a public transportation card.

T:Is it a single-decker bus or a double-decker bus?

S:It's a single-decker bus.

T:Is it air-conditioned?

S:Yes, it is.

T:Is the driver a man or a woman?

S:A man.

在复习上一课时"Travelling by bus"的内容前,不是简单地对文本内容进行提问,而是从学生的实际生活出发,从出行方式开始,追问买票方式、公交车类型以及司机性别,为继续提问过去人们乘车的方式做铺垫。

T:How did people pay for the ticket in the past? 学生在听到这个提问时一时反应不过来,所以我又追问了一句:Who did they buy tickets from?

S:They bought tickets from bus conductors.

T:How many of them were double-decker buses in the past?

S：None of them were double-decker buses.

T：What about nowadays?

S：Some of them are double-decker buses.

T：How many of them were air-conditioned in the past?

S：None of them were air-conditioned buses.

T：What about nowadays?

S：Most of them were air-conditioned buses.

T：How many of the bus drivers were women in the past?

S：None of them were women.

T：What about nowadays?

S：Some of them are women.

T：What do you think of these changes?

S：They are good.

T：Why?

S：Because they make our life more comfortable and convenient.

在提问复习完课本内容后,并不是马上进入下一环节,而是继续追问学生对于这些变化的看法和观点,调动学生对于美好变化的赞同感,对学生的价值观有所启发。

环节二教学片段

T：What kinds of transport do you know?

S：Light rail, bike, plane, car, train, ferry, underground, motorcycle...

T：We have so many kinds of transport on the road, will they cause any traffic problems?

S：Traffic jams.

T：How can we solve traffic jams?

S：We can build more traffic facilities.

在这一环节中,通过对交通工具的头脑风暴,学生能够列举出非常多的单词,然后在此基础上追问学生交通工具太多会引发什么交通问题,由此引出交通堵塞。再通过追问如何解决交通堵塞,引出多建造公共交通设施,为之后学习交通设施的单词做铺垫。

T：When you go across the road, what should you look at first?

S：Traffic lights.

T：And then where should you go?

S：On the crossings.

T：What's the difference between flyovers and bridges?

S：Flyovers are for cars and bridges are for people and cars.

T：Do you know the news happened last week? A man who rode a motorcycle dropped from the flyover and died.

S：Oh my god.

T：Do you want to ride a motorcycle?

S：No.

T：Why?

S：Because it's dangerous.

教授新单词的过程中,给学生创设情境,追问他们自己过马路时的情景状态,提高学生的参与性。并且我给出了前几天发生的一则新闻,引发了学生的学习兴趣,并且追问学生还想不想骑摩托车,让学生意识到骑摩托车的危险性,为之后口语表达也做了语言素材的积累。

有效追问是教师指导学生形成有效学习的策略,发展自主学习能力的重要途径。在导入中进行有效追问的话语,可以起到水到渠成的作用。有一句话是:"良好的开端是成功的一半。"当教师在导入中加入一些别致新颖的提问时,学生的求知欲就会增加,教师便可以在这个时候直观地了解学生掌握知识的程度。当教师进行一些针对性的提问时,还可以让学生发挥想象力,思考得更多一些,也让导入更加水到渠成和顺理成章。

在情感处进行有效追问的话语,可以起到情感共鸣的作用。由于学生会对教学文本中的人物或各种事件产生喜爱、钦佩或者厌恶等感情,教师就可以抓住这一点针对学生进行追问,充分调动学生的情感,激发学生的情感共鸣。

在讲解中进行有效追问的话语,可以起到强化听说的作用。在平常的英语讲解过程中,老师进行一些有效的提问,可以锻炼学生的口语表达能力和听力能力,同时也可以保持学生的注意力。

在文本缺陷处进行有效追问的话语,可以起到发挥学生想象的作用。关于文本教材,总是会出现一些存在"缺陷"的现象。对于这种情况,教师的追问就像是汽车引擎一般,激发学生内心隐藏的"内驱力",引发学生进行思维碰撞并且进行积极的交流。

本节课中,我对学生进行了一系列有效的追问,充分发挥了学生的主动性,从而激发学生积极地进行思考交流和讨论,进而使得学生在英语交际和语言表达方面有所提高。让学生通过有效追问更好地体验、更好地学习、更好地交流。

——摘自吉明怡《有效追问在初中英语课堂中的运用》

通过设计层级递进的问题,为学生设置有效的思考路径,不断引导学生思考,以达到提升学生思维品质的目的,这是我校教师近几年来一直不断探索的教学模式,虽然取得了一定的成绩,但是我们今后的道路还是很漫长的。

三、积极反思,改变提升

在一堂课结束以后,教师的课后反思环节也是很重要的,只有通过课后的认真反思,不断总结,才能在反复的教学实践中发现问题,找准对策,提升教学水平。

教师学导式教学手记

在地理教学中错误资源激发探究的应用

学习过程是一个由简到繁、不断深化、螺旋式上升的过程。处于成长阶段的学生由于其认知水平、知识结构、思维能力、思维方法的局限性,经常会在课堂学习中犯各种各样的错误,这些错误的出现成为原本预设好的教学的"绊脚石"。但其实学生的错误也是一种很好的教学资源。"从错误中学习"是一条重要的教学策略。这节课利用地理景观图分类活动,设计容易混淆的几张图片,诱使学生犯错,暴露其知识漏洞和思维偏差,然后对症下药,突破难点。让学生通过相互的讨论、组与组之间的辩论,再利用学案,以表格对比的形式给学生提供能为学生查找、获取和处理信息的帮助,由学生自己将难点慢慢抽丝剥茧。使课堂从单纯地注重知识结果的获得转向强调教学的过程。

——摘自杨慧文《在地理教学中错误资源激发探究的应用》

洛克威尔曾经说过,真知灼见,首先来自多思善疑。人也是在不断地发现问题、进行反思、找准方法、及时改进的过程中不断进步的。想要有所改进,就必须要突破自己的舒适圈,这个过程肯定是痛苦的。但成长是一种美丽的疼痛,只有经历深夜的黑暗,才能看到黎明的曙光。

第三章

先学后教：学导式教学的魅力

　　教学是建立在一定基础上的师生双向活动，学习不应该是建立在一张白纸基础之上的，而必须使学生在学习前先了解所要学的内容，了解学习中要遇到的问题，学生必须具有一定的学习基础，这样才能为自己的学习过程做好铺垫和预设，这样，在进入学习过程后，才可以有的放矢，有针对性地学习。要做到这一点，就必须重视学生的预习，先学后教。

课堂教学是师生共同参演的一出戏，一出戏中如何进行合理分工，是能否取得演出成功的一个重要前提，要想取得令人满意的教学效果，就应该把教室变成剧场，让学生当演员、教师当导演。学导式教学便在很大程度上使得在课堂教学这出戏中，"导演"能最大限度地挖掘"演员"潜能，达到最佳课堂教学效果。

学导式教学一改过去老师单纯讲、学生被动听的"满堂灌"的教学模式，代之以学案为载体，以导学为方法，教师的指导为主导，学生的自主学习为主体，师生共同合作完成教学任务的一种教学模式。它是一种新型的教学模式，旨在通过学生的自主学习，培养学生的自学能力，提高教学效益。这种教学模式充分体现了教师的主导作用和学生的主体作用，使主导作用和主体作用和谐统一，从而发挥最大效益。

学导式教学使传统讲授式的"要我学"转变为学生积极主动参与式的"我要学"，进而使学生学会学习，由"学会"最终走入"会学"。这种教学模式，为学生创造了一个宽松和谐的学习环境，建立了民主平等的师生关系。学生通过教师鼓励，可以异想天开，大胆提出不同的见解；无论什么问题，都不是把现成的答案捧给学生，而是让学生积极主动地寻找解决问题的最佳途径，在学生探求知识的过程中，培养和锻炼学生创新意识和创新精神，培养学生的想象力和求异思维品质，突出了学生的主体作用。这种教学模式，能使学生清晰地掌握老师的教学思路，提高课堂教学效率。课堂各种环节设计科学，并配有适当的课堂练习，教师在讲解时注重学法指导，在一定程度上就可能达到"先学后教、以问题承载知识，导学导练、当堂达标"的预期目的。

学导式教学被实践证明是提高学生能力、提高教学成绩、提高教育质量的有效手段。

第一节　预习单：让预习看得见

预习是一种良好的学习习惯，它能有效提高学生独立思考问题的能力，激发学生自觉学习的主观能动性，从而达到优化课堂整体结构以至优化课堂细节的作用。正如叶圣陶先生所说："学生通过预习，自己阅读课文，得到理解，当讨论的时候，见到自己的理解与讨论的结果相吻合，就有了成功的快感；或者看到自己的理解与讨论结果不相吻合，就作比量短长的思索；并且预习的时候绝不会没有困惑，困惑而无法解决，到讨论的时候就集中了追求理解的注意力。这种快感、思索与注意力，足以激发学生阅读的兴趣，增进阅读的效果，有很高的价值。"

"预习单"导学模式是教师组织、引导、点拨、示范的一种教学模式，更注重学生主动学习、能力迁移、合作探究的"学"的过程，能集中体现一堂课的教学目的、教学目标、教学方法以及老师和学生的思维，做到一堂课容量大、节奏快、效率高，让学生在体验式的教学情境下，主动学习，构建"学——导——反馈"效能课堂。

一、预习单的设计

（一）预习单设计的基本要求

"预习单"是引导学生课前自学的一种途径，编制预习单要将着眼点放在"导学"功能的挖掘上。"预习单"是在教师深入研究教材和教学重点难点内容的基础上编写的，这就要求老师在课堂授课之前，既要备好教案，又要备好预习单，也就是说要求教师既要站在教学的角度，对教材进行必要的理解、消化和处理，更要站在学生学习的角度，针对每堂课要学习的内容编写预习单。以预习单为导航，让学生在课前对将要学习的内容进行自主学习，然后带着自学中生成的问题进入课堂，探讨交流，带着思考和问题听课，在课堂中解决问题，从而提高课堂学习效率。

预习单的设计要求教师充分注重和了解学生知识结构和思维的层次性，从而能激发学生积极思维。美国心理学家布鲁纳认为任何学科都有一个基本结构和内在规律，并主张对不同等级、不同能力的学生使用的学科教材的编写，要注意知识的"阶梯性"。因此，预习单的设计的关键之处在于是否符合学生实际，也就是说预习的内容要难易适中,难度是学生通过努力能够跨越,是要跳一跳才能摘到的果实。也要有梯度,预习单内容既要紧扣教学目标和重难点,又要富有启发性,要根据学生的知识水平、潜在水平和表现水平,以领会知识和运用知识为前提,要求具有一定的坡度和思考价值。

教师在"预习单"中提出预习的目标、内容、方法、速度和应达到的要求,学生在"预习单"的引导下先进行独立的思考和自主学习,教师可指导学生查字典或查阅教学参考书,培养学生通过多种渠道获取和筛选信息的能力,或者对学生预习的方法进行适当的指导,让学生在"预习单"的引导下"先行一步",促进"我要学"。

(二) 预习单学习目标的设计

有目标才有方向,才有前进的动力和价值。预习单是针对学生学习而开发的一种学习方案,要解决的重点问题是"学什么""怎样学",力求把学生放在主体地位、主人地位上来。所以预习单必须给学生明确的学习目标,有了目标的指引学生就有了方向。制定学习目标的目的是使学生明确要学什么,目标的表述要以学生为主体,让学生读得明白,弄得清楚本节课到底要完成什么学习任务。

例如一位数学教师设计的一元一次不等式学习目标:

1. 通过与一元一次方程的类比,知道一元一次不等式的概念。

2. 通过探索知道什么是一元一次不等式的解。

3. 利用不等式的基本性质学会一元一次不等式的解法并能准确地把解表示在数轴上。

通过目标的学习明确这节课的学习内容,从目标中还知道了学习的方法,在目标的设计上采用了一些通俗易懂的文字描述,使学生一看就会。学生在学习的过程中也仅仅围绕着这几个目标开展学习。

(三) 预习单学习任务的设计

这一环节是预习单中核心内容,和知识能否得到落实、学生能否积极参与都有着紧密的联系,对于这一预习环节是紧扣前面提出的目标而设置的,往往是几个目标设置几个任务,每个任务都围绕相对应的目标,对教材中的基本概念、性质、公式、方法等,在学生的认知水平内,设计成填空题、问答题、计算题或做简单的归纳,使绝大多数学生通过看书自学能顺利完成。在设计任务时起点尽可能低,让每位学生都能体会到成功。在任务型预习单引领下学生能单独自学教材,独立学习、独立思考,尝试用自己已有的知识去"同化"教材知识,通过"自奋其力"达到"自致其知"。我们在设计任务时要根据不同内容的特点,给予学生一定的学习方法的指导。

(四)预习单检测的设计

预习检测虽然是预习过程中的一个重要环节,可以把它看作是检测学生预习效果的一个环节,但同时也是学生收获成果、展示成果的一个环节。检测的题目往往紧扣本节课学习目标,紧跟例题,模仿性很强,检测题的数量要适当,设计要有坡度、有层次,难易适度,能适应不同程度的学生需要。

预习单导学模式手记

预习单促进学生学习

在初中英语词汇教学 Period Two(afford-along)中引导学生在课前完成下面两项内容:

Part 1　课前预习:

朗读并熟记"我"要预习的单词和词组:afford,aims,go ahead,alarm,against,airlines,after all,in all ,agent。

Part 2　情境感悟 :

理解并运用"我"预习的单词和词组

I. Complete the sentences with the words or phrases .

1. I set the _____ clock for 7 o'clock.

2. The program _____ to raise money for children with special needs.

---

3. — May I use the PPt, Mr Ward? — Sure. Please _____.

II. Complete the sentences. The first word has been given.

1. He is lucky to be a _____ after fireworks accident.

2. He started playing the piano at an early a _____.

3. Go straight a _____ and take the footbridge at the traffic lights.

作为初三的词汇复习课,这些任务和习题可以很好地给予学生一些学习思路,而不直接提供相关的答案,通过启发,促使学生自己解决存在的问题,发现其中的规律。同时,课前准备可以做得更精细一些,遵循因人而异的原则,把课前准备分为必做题、选做题和"我"的疑问三部分,充分尊重学生个性化的学习要求。

——摘自王倩《"预习单"导学模式在英语教学中的应用与实践》

利用预习单提高教学效率

如在讲授《范进中举》时,考虑到文本离学生生活年代较远,且文本偏长,为了使学生能在课前尽可能地熟悉文本,带着问题走进课堂,切实提高课堂实效,我们设计了如下预习作业:

1. 朗读课文,注意加横线字的读音:

作　揖(　　　)　　　　带　挈(　　　)

腆　着(　　　)　　　　星　宿(　　　)

兀　自(　　　)　　　　轩　敞(　　　)

避　讳(　　　)　　　　赊　欠(　　　)

绾　发(　　　)　　　　攥　紧(　　　)

2. 仔细观看"《范进中举》导读"微视频,了解科举制度、吴敬梓其人其作及第三回故事梗概。

3. 本文出场了哪些人?以范进中举为分水岭,他们分别发生了什么变化?试完成表格,并体会这种变化背后的人物形象,将其填写到横线上。

（1）胡屠户

	中举前	中举后
对范进的称呼	现世宝	老爷 贤婿老爷
说话的态度		
所带的礼品		
对嫁女的解释		
对相貌的评价		
对才学的评价		
能否中举		
对亲家母的称呼		
（你还能补充别的变化吗）		

（2）模仿学习胡屠户的方法，你能为范进设计一个表格吗？

范进

（3）你还能梳理出其他人的变化吗？

以上预习作业中，第一题为常规文字疏通，为课堂学习扫清文字障碍；第二题观看"《范进中举》导读"微视频，了解科举制度、吴敬梓其人其作及第三回故事梗概，这些内容对于学生了解故事的前因后果有至关重要的作用；第三题则以学生比较感兴趣的表格形式了解人物的前后变化，这一题的设计意在引导学生在课前对文本有比较认真的阅读，从而带着问题走进课堂，起到事半功倍的效果。

——摘自张梅《〈范进中举〉预习单》

从以上例子不难看出，随着课程改革的深入，学校的课堂已发生了很大的变化，学生在课堂上的自主地位有了空前的提升，教师的角色也在悄然变化，更显出预习的重要性。

老师通过学前测评及时了解与诊断学情，可以把握学生的学习情况，从而更好地帮助学生扫清学习的障碍，使绝大多数学生都能够很快地进入课堂学习的最佳状态。

二、预习单的运用

（一）课堂交流预习单，激发学生学习积极性

课堂交流"预习单"就要求教师充分了解学生预习单的完成情况。教师要根据反馈信息进行有针对性的二次备课，使课堂成为学生在教师的点拨和在"预习单"的引导下解决问题的过程。课堂上对于一些基础知识，可以放手让学生用自己喜欢的方法去解决。对于一些重点难点知识，一般可在教师的指导下展开小组讨论。教师根据学生讨论的结果及时进行点拨和反馈，在此基础上让学生进行充分的练习。

"预习单"在课堂中的交流是"导学结合"训练模式的一种形式。对于"预习单"完成要求，可以按照学生学习自觉性和能力把同学分成 A、B、C 组：A 组学生必须课前自主完成，课上订正；B 组学生要求尽量完成预习内容，不会做的可以留到课上用于小组合作讨论，合作中提倡有能力的学生先学先会，鼓励后进生向同学学习；C 组同学能做则做，重点在于课上讨论之后，教师再加以指导，最后由学生再次独立完成"预习单"。这样，既强调"学"，又突出"导"，导学合一，学生的主体作用和教师的主导作用都得到了充分发挥。

如果说"课前预习"是热身运动的话，那课堂交流"预习单"就是预赛的开始。学生将预习中存在的问题带进课堂，通过自主学习、合作学习和老师的适当点拨，把握本节课的学习重难点，找到知识间的内在联系。老师在备课时可以事先根据"预习单"中学生可能遇到的困难拟定讨论题或思考题，要求各组学生集中思考，提出质疑，分析判断，寻找合适的答案。

Part 3 要点探究：

Complete the sentences with the given words in their proper forms.

1. We usually go to Yinfa Home for the _____ on Friday. （age）

2. Although my grandpa is nearly 80, he is still very _____. （act）

3. When the sauce is thick, _____ some water. （addition）

Part 4 "我"的收获：

What can we learn from preview sheet?

Part 5 总结归纳：

由每组代表对老师和同学提到的知识重点和难点进行梳理。

——摘自王倩《"预习单"导学模式在英语教学中的应用与实践》

交流展示的过程是学生理解巩固知识的过程，是学生再学习的过程，是激发学生的学习兴趣和表现欲的过程。在此过程中，学生的语言表达能力提高了，自信心也得到了增强，更重要的是培养了同学间的团结合作精神。

（二）预习单的反馈，促进学生学习能动性

所谓"趁热打铁"，展示操练完后，应及时对本节课预习的重点知识进行检测，完成"预习单"导学的最后环节。这样既巩固所学知识，又使学生学有所用，还可以让教师获得直接的反馈信息，为课后的辅导提供信息。同时，检测让学生更好地了解自己的学习情况，也能带给学生互相学习的机会，通过"比一比""赛一赛"的形式不断激发学生学习的欲望，使学生始终保持一种对学习的积极主动状态。

"预习单"带来的一大变化是授课内容由注重知识向注重能力转化。老师要充分调动学生学习的主观能动性，鼓励学生勇于探索，设疑引导学生探索，并提供

适当的帮助。因此,"预习单"检测内容一定要增加点难度,"拓展提高"部分的作用不可忽视。检测既要给予学生获得新知识的满足感,又要使学生获得能力增长的快乐感。

"预习单"导学模式引导教师如何备好课,如何转换好教师角色去设计出既符合学生学习实际,又能激发学生学习欲望的"预习单",这对自己的教学是一种激励和促进。同时,学生也渐渐养成了主动预习新内容的习惯,培养了自主学习、探究学习、合作学习的能力,提高了学生学习的积极性。

三、预习单的价值

(一)提高学生自学能力

课前预习实际上是学生通过自己的思考,对即将所学知识进行的自学。在学校教师能教给学生的只是最基本的、最基础的知识,大量的新知识需要学生在以后的学习中不断地去探索,根据需要去自学,预习正是过渡到自学的必要步骤。

著名教育大师叶圣陶先生说过:"教师之为教,不在全盘授予,而在相机诱导。"如何最为有效地提高学生的自主学习能力是教师最值得探究的课题。在新课标教学中,预习是在老师的指导下,学生运用所学的知识和技能去获得新知识的活动。

例如:学生在预习课文时遇到不理解的字词,就可以运用老师平时教给的方法或者运用工具书等去理解,扫清阅读障碍后再根据老师教给的分段方法理清文章脉络。这样一来,学生在课堂上学到的方法就可以得到充分的运用,达到学以致用的目的,长此以往,学生的自学能力就会得到提高。

(二)提高学生听课效率

学生在预习新课文时,会有不懂的内容,这属于正常现象。课本中那些看不懂的地方,往往就是教材的重点、难点,或学生学习中的薄弱环节。弄懂这些不明白的地方,恰好是学习深入的关键所在。预习时可以把这些看不懂的地方记下来,上课时特别注意听老师是怎么解决这个问题的。这样,听课的目的非常明确,态度积极,注意力也容易集中,听课效果肯定会好。

(三）提高学生学习主动性

传统教育观念往往强调教师的主导作用，在教学过程中教师始终处于主动的、权威的地位，学生则是被动的、从属的，这样的教学模式无法充分调动学生学习的积极性。而新课标目标下的教学要求教师改变传统的以教师为中心的教学模式，强调学生是教学的主体。课前预习作为新课标教学中的一个重要环节，可使学生较好地改变自己的认知前提条件，对新知识的学习和掌握比较容易，增强了学习的自信心，提高了学习兴趣，学习积极性也会随之调动起来。

由此可见，预习是学习的一个重要环节，是培养学生学习能力、体现学生主体地位的主要途径。因此，预习这个环节不但不能淡化，而且要大力强化，从而提高学生学习效率，培养学生的综合能力，为学生的终身学习和发展打下坚实的基础。

四、预习单操作中应注意的问题

在预习单操作过程中存在的主要问题有两个方面，一是教师往往把阅读"课前提示"当作阅读过程中必要的第一步，这种习惯不利于提高学生的阅读能力。二是学生在预习时往往依靠教辅资料，迷信标准化的答案，热衷寻求现成的结论。基于此，我们采取了以下应对策略：

一是加强预习方法的指导。通过调查，我们发现在布置预习后，学生往往在思想上产生误导，认为预习充其量只是读读课文，文章上没有留下任何预习的痕迹。这样不仅达不到预习的目的，久而久之，学生反而会形成做事草率的坏习惯。因此，教师的指导显得非常必要，要恰到好处地"扶"一把，体现一个"导"字。古谚曰："授人以鱼，只供一餐所需；而授人以渔，供人终生受用。"这句话启迪我们教师要加强预习方法的指导，使学生会预习、善预习、乐预习，从而达到"教，是为了以后不需要教"的效果。

二是预习检查落到实处。预习光有布置不行，教师必须加强检查，有检查才有落实，有测评才会有促进。教师不能只布置不检查，这样学生的预习积极性会相对削弱。教师检查学生预习情况的时间一般应安排在学习新课之前的几分钟，可以通过提问或抽查的方式进行。教师最好用一个本子记录学生的整体预习情况，哪些地方值得继续发扬，哪些地方需要改进，都一一记录清楚。此外，教师还要明确赏罚制度,对预习态度好的学生多加表扬,对不自觉预习的学生也要有适当的惩罚。还可以定期对学生的预习情况加以检查评定,以阅读成果的形式加以展示,让他们享受到成功的喜悦,从而进一步激发他们的预习兴趣。

总之,教师不仅要培养学生预习的兴趣,教给学生预习的方法,还要制定一套行之有效的检查措施,让学生在适度的压力之下形成预习的好习惯。事实证明:好的预习是上好课的重要条件,预习是自学的演习,它对培养能力、发展智力有很大作用。学生一旦养成了良好的预习习惯,就能极大地调动学习的积极性,从而不断地提高教学质量。

第二节　作业框：跟进教学进度

作业是教学的基本环节，它有助于所学知识的巩固、深化，有益于技能、智力和创造才能的发展，是提高学生素质的重要载体。我校注重作业的设计与实施，提高学导式教学效率，教师在把课堂作为主战场认真备课、精心教学的同时，还把作业作为教学的重要环节来设计，使教学与练习相互促进。

作业是学生把课堂上获得的教学信息内化并生成能力的有效途径，也是师生沟通的基本方式，教师通过批改作业检查教学效果。学生通过作业来强化所学知识，使学科素质达到自己能够达到的层次。概念的形成，知识的掌握，学生智力和创新意识的培养，都离不开作业这一基本活动。但长期以来，教师较多地偏重作业的操练功能，重视作业的短期功利价值，不太顾及长远的教育价值。

一、加强作业管理的目标定位

学校作业是教师依据课程标准布置给学生利用非课堂教学时间完成的学习任务。作业管理是学校日常管理的重要组成部分，是落实全面育人、推进课程教学改革、提高教育质量、激发学生学习兴趣、加强师资建设、做好新时期家校共育工作的有效抓手。中考新政背景下，惠民中学全面落实《上海市加强义务教育学校作业管理措施》的文件精神，把加强学校作业管理的目标定位为"四个注重"。

一是注重育人为本，落实立德树人的根本任务，根据课标和意见确定作业内容、难度和数量，加强备课、上课、作业、辅导、评价等工作的系统性设计。

二是注重尊重学生差异，因材施教，充分考虑学生的兴趣和能力等特点，不断提升学校作业的针对性和有效性，探索可供选择的弹性作业。

三是注重统筹协调，合理控制各学科基础性和弹性作业总量，有序安排实践性作业、跨学科作业，不断完善区域、学校作业管理机制。

四是注重引导家长树立科学的教育质量观和人才培养观，共同营造有利于学生健康成长的环境。

二、充分发挥作业的教育功能

（一）作业的系统性

作业设计是教师教学能力的重要体现,教师首先要对本学期知识有一个总体把握,了解本学年有哪些知识点,各知识点间有怎样的联系,对学生能力有怎样的要求。充分利用学生的作业完成促使学生牢固掌握重点知识,同时把学习中的难点分解于作业中,循序渐进地掌握知识。作业设计注意知识的整体性,一方面注意复习巩固有关的知识,让它们与旧知识很好地衔接起来,另一个方面为后续知识的学习做好准备,把后面的内容或方法渗透到前面的知识中形成良好的知识链,保持掌握知识与培养能力的系统性。

（二）作业的层次性

学校课程面向的是全体学生,适应每个学生个性发展的需要,使得人人都能获得良好的教育。学生水平参差不齐,设计不同层次的作业,给学生留有自主选择的空间,让他们根据自己的程度选做,以调动学生的积极性,促进全体学生的共同发展。在作业布置时,可以设置三类题目,一是基本题,这是针对基础薄弱的学生布置的,紧扣当天所学的内容,浅显易懂,主要目的是用来巩固新知识,有利于这部分同学打好基础;二是提高题,这类题目相对于第一类题目解题方法较为灵活,让学生有试一试的欲望,然后发现"这道题其实并不难",可以体验成功的快乐;三是发展题,这种题目有一定的难度,主要是针对基础好的学生设计的,有利于培养学生思维的灵活性和解题的多样性。

教师作业设计手记

（1）《核舟记》（落实目标 2）

解释下列重点字词:

许 ⎰ 潭中鱼可百许头　　　　（　　　　）《小石潭记》（七上）
　　⎱ 高可二黍许　　　　　　（　　　　）《核舟记》（七上）

（2）《明湖居听书》（落实目标 5）白妞出场之前，作者先写了戏院的盛况、琴师的弹奏、黑妞的演唱和观众的议论，说说这些段落的作用。

（3）《核舟记》（落实目标 6）模仿《核舟记》介绍顺序，向父母或朋友介绍你所拥有的一件精湛的工艺品。要求，注意介绍的顺序，注意语言的简洁、生动。

——摘自张梅《让语文作业脱下沉重的外衣》

（三）作业的趣味性

教育学家乌申斯基说"没有丝毫兴趣的强制学习，将会扼杀学生探求真理的欲望"。有兴趣的作业才具有吸引力，能使学生充分发挥自己的主动性去完成。趣味性体现为题型多样，方式新颖，内容有创造性，让学生感受到作业内容和形式的丰富多采，使之情绪高昂，乐于思考，从而感受到做作业的乐趣。带着好的心情做作业，思维更活跃，反应更灵敏。教师设计作业时通过多种渠道把丰富知识、训练和发展创造性思维寓于趣味之中，拓宽学生的知识面，让生动有趣的作业内容取代重复呆板的机械练习，以激发学生的作业兴趣，使之产生一种内部的需求感，自觉主动地完成作业。

例如，我校语文教师张梅在上七年级第一单元时，设计了这样的作业：围绕"成长"，设计问题并采访一位长辈。采访问题示例：成长中最烦恼、最快乐的事分别是什么？它们对你的影响分别是什么？你从中获得了什么启示吗？以小组为单位，将采访结果整合、修改，形成一篇 600 字以内的采访报告，全班交流采访的成果与启示。

作业设计是一项充满创造性、挑战性的活动。教师要不断更新教学观念，以学生的发展为本，提高作业的质量，使每一次的作业都成为学生成长的生长点。

（四）作业的开放性

教师设计一些以激发学生的创新思维为目的的开放性作业，让学生在"一题多解"或多种答案中灵活运用所学知识，培养学生的创新意识和创造精神，这也正是课程理念所倡导的实施素质教育的一种有效途径。开放性的作业能使学生的学习走向社会、走向生活。设计作业时注重将学科知识融为一体，并通过丰富多彩的形式表现出来，激发学生的学习兴趣，激发他们的创造热情。

（五）作业的实践性

实践型作业具有可操作性、有序性、挑战性的特点。它不仅能使学生牢固地掌握所学的学科知识，并能将知识与生活相结合，大大提高学生的动手能力，培养学生的学习兴趣。

教师作业设计手记

在七年级学生学习了《愚公移山》后，我让学生排练课本剧，在编剧、表演的过程中感悟愚公的坚持不懈。在学习了《公输》后，我让学生分角色有发挥性地朗读，体会墨子的语言才能。力图让学生的作业多样化，有口头、有书面、有表演等，而不再是单一的抄写背诵或刷题。以灵活的形式让学生感受到语文作业的必要性，让学生完成生动活泼、精彩纷呈的作业。让作业真正成为学生展示特长、张扬个性的舞台，让每一个学生通过适合自己的作业获得成就感。

三、优化完善作业系统的策略

（一）优化校本作业设计

基于课程标准和课程理念，系统开发和精心设计符合校情和学情实际的校本作业，由易到难、循序渐进，分层设置基础题、中档题和提高题，对应夯实基础、形成技能和培养能力三级层次，切实提高校本作业的针对性和实效性。用足用活课本范例题型，采用书写、阅读、实践、记忆等方式拓宽校本作业类型和形式，杜绝照搬照抄和不必要的机械性重复作业。

学校将作业设计与实施纳入学校科研、教研、师训范围，将作业设计、实施与命题能力作为评价教师教育教学能力标准之一，开展教师作业设计和命题能力的专项培训。

（二）严格学校作业布置

贯彻执行《上海市加强义务教育学校作业管理措施》，充分考虑学生差异，有针对性地布置统一必做与自主选做的作业。教师在布置作业前应先研做一遍，并提出建议完成时间，坚决纠正学科本位。严控各学科作业总量，作业量不超过 1.5 小时。

（三）规范校本作业批改

健全完善作业批改管理制度，布置的作业应当及时全批全改，做到字迹工整，符号规范。对学生作业中的错误，必须督促其订正并做好记录，进行二次批改，鼓励学生建立纠错本。对基础较差的学生要尽量采取面批面改，对作业中共性的错误要重点讲评，分析原因，帮助学生总结规律。

（四）强化作业习惯养成

强化作业规范书写要求，组织开展优秀作业展评等活动，教育、引导学生养成良好的作业习惯。对学生作业完成情况倡导激励性、发展性评价，提倡运用短语加等级的评价方式，既关注知识点的把握，又关注学生完成作业时的态度、习惯等非智力因素，帮助学生全面发展。

（五）建立作业共享平台

加强学校教研组建设，健全校本教研制度，把校本作业研讨纳入校本教研内容，提高校本作业质量和效果。参加校际交流，参与区域性校本作业研讨、优秀校本作业设计评选等活动。整合区域校本作业资源，实现优质资源共建共享。

学校要加强家庭教育指导，厘清家校教育职责，引导家长形成科学育儿观和成才观，帮助家长提高亲子沟通等能力，共同促进学生德智体美劳全面发展。

理化生作业精选策略

为学生精选、布置什么内容的作业是改革作业的一项重要途径，为此理化生教研组从三个方面进行探索，以丰富学生作业的内容。

一是从教材中精选作业。教材是学生学习的既定性教材，在学生学习中发挥非常重要的作用。而教材中的练习既可以作为学生预习的内容，又可以作为学生复习的材料。使用好教材中的作业对于学生学习、巩固新知有着非常重要的作用，我们将根据教材特点与学生掌握知识的实际，精选教材中的作业，让学生得到有效的练习。

二是根据教学内容改编作业。在教学中，教材给我们的习题往往比较简单，如果我们改编习题，学生对新知的理解和掌握就会更进一步。

三是根据教学内容拓展作业。练习都具有一定的局限性，如果教师不加以拓展，就难以发挥习题的作用。理化生学科根据知识的本质特点，拓展作业的形式、内容与方法，让学生的作业没负担，但有思考。

第三节　小卷子：检测教学效果

　　学导式课堂教学离不开检测,课堂检测的过程也是学生巩固所学、提高能力的过程。首先,归纳总结、查缺补漏。课堂检测是教学不可或缺的一部分,也是完善学生知识体系的重要途径之一。其次,巩固所学、规范解题。有效的课堂检测能帮助学生巩固所学,加深对数学公式、定理、法则以及思想方法的理解和运用,实现"举一反三""融会贯通"。让学生进行自我检测、自主导学,以此激发学生的学习热情和思维火花,增强学生的自我成就感。

一、学导式课堂检测的设计要点

　　一是选题要精而少。教师必须吃透教材,把握好重点难点知识以及学生的学习层次,避免烦琐的运算量。

　　二是多开展变式训练。课堂检测应该引导学生多角度地演变和延伸,通过一系列关联问题来帮助学生建构知识网络。

　　三是强化解题思路。可选择一些需要采用数形结合方法的经典例题或者收集一些中考题来对学生进行针对性的强化训练。

　　四是激发学生的主动思考意识。课堂检测题目应该具有一定的开发性,激发学生的主动思考意识,鼓励学生展开个性化学习。

二、学导式课堂检测卷的特点

　　下面我们以杜甫《望岳》为例,来分析课堂检测卷的特点:

　　1. 这首诗的作者是_____代的,字是_____,诗的出处是《_____》。后世的人称他为"_____",他的诗号称是"_____"。

　　2. 本诗是_____(人名)年轻时所写的一首五言古诗,诗人以_____为线索,描写了_____的气象,抒发了自己的雄心壮志。

　　3. 诗歌前六句,突出了泰山的_____,流露出作者_____

_____的思想感情。

4. 下列选项对诗歌理解有误的一项是（   ）

A. 首联写泰山的高峻伟大，先写对它的仰慕，再写它横跨齐鲁两地的壮伟。

B. 颔联写近望，所见泰山的神奇秀丽和能分割日夜的巍峨形象。

C. 颈联写遥望，借山中云气和归鸟，暗示了诗人思乡的情感。

D. 尾联写望岳而生登临峰顶之意愿，表达了诗人的雄心和壮志。

5. 下列对诗歌赏析有误的一项是（   ）

A. 诗人由实望泰山而产生登临意愿，于是想象登临泰山绝顶的景象和心理感受。

B. "齐鲁青未了"一句作者没用笔墨勾勒泰山高大，而是写泰山占地多么广大，以距离广远衬托山势高峻，用笔不凡。

C. "造化"是运气、福气的意思，这句是说神奇秀美都聚集在此，实为泰山的运气。

D. 全诗格调高亢，尤其是七、八两句表现了诗人勇攀高峰、俯视一切的雄心和气概。

从以上例子可以看出课堂检测卷主要有如下特点：

1. 题量比较少。课堂检测只是对本课时的知识点进行考查和检测，通常情况下不超过五道题，和题海战术有着质与量的区别。

2. 题目比较容易。课堂检测主要目的是对学生本节课所学的知识进行巩固和加深记忆。

3. 题目的针对性比较强。课堂检测的题目多是针对所在课时里的知识点来制定的，以便于检测学生对本节课内容掌握的牢固度。

三、学导式课堂检测卷的作用

课题研究中，通过对课堂检测卷特点以及应用情况进行分析与探讨，发现课堂检测卷在教学中发挥着如下作用：

（一）提高了学生课堂专注度和教师教学的有效性

课堂检测的设计，意在让学生有意识地提醒自己课堂上集中注意力，掌握课堂要点。如《行路难》课堂检测：

1.生活中难免经历痛苦与挫折,请你用本诗中的句子对身处逆境的朋友进行激励或劝勉:＿＿＿＿＿＿＿＿＿,＿＿＿＿＿＿＿＿＿。

2.本诗使用典故表达对前景的希望与信念的诗句是＿＿＿＿＿＿＿＿＿,＿＿＿＿＿＿＿＿＿。

3.诗人以"行路难"作比,诗中具体体现"行路难"(照应题目)的诗句:＿＿＿＿＿＿＿＿＿,＿＿＿＿＿＿＿＿＿。

课堂检测卷的内容就是课堂要点,学生带有目的性地展开学习,将会大大降低学习中的枯燥感,提高他们的学习热情,从而提高学生的课堂专注度和教师教学的有效性。

(二)提高了学生学习成绩和综合能力

现代社会缺少的不是知识丰富的人,而是会学习的人,学习过程从某种意义上来说是学会学习的过程。如《行路难》课堂检测:

请以"从＿＿＿＿＿＿的诗句中,我读出了一个＿＿＿＿＿＿的李白(心情/性格……),因为＿＿＿＿＿＿＿＿＿"的句式再次对李白形象进行品析。

这与市教研室提出的"关注学生学习经历,提升学生素养"不谋而合,引领学生进行基于文本的学习,培养学生的语言素养,并且让学生意识到,自己在答题时一切的依据都来源于文本,而不能信口开河。若教师能持续关注这点,长此以往,必将引导学生学会学习,提高他们的综合能力。

课堂检测是学生课堂独立作业的重要组成部分,它一方面能促使学生将刚刚理解的知识加以应用,在应用中加深对新知识的理解;另一方面,能暴露学生对新知识应用的不足,及时检测学生的学习成果。

(三)提高了教师教学水平

教师运用课堂检测对学生的学习结果进行考查与评估,同时,也是对当堂课的教学成果进行评估,有利于教师及时调整教学思路,以更灵活、更实用的教学手段来对待教学工作。如《表哥驾到》检测题:

1.给加点字注音或按要求解释。

2.阅读课文,对"大词小用"的词语进行批注,分析其表达的作用和人物的情感。

3.请代课文中的"我"给妈妈或爸爸说几句心里话,来增进"我"和父母之间的理解和沟通。

这里,有知道(1),有理解(2),有综合(3),这三项作业综合了三个层面,为学生的基础积累、技法掌握、口头表达等方面提供了展示课堂教学效果的平台,整合课堂内容进行当堂检测对教师教学水平的提升大有裨益。

检测卷要能体现学生思维由浅入深的理解梯度,同时,也要体现差异性,不同学习水平的同学应该有选择地做适合自己的题目。检测卷应引导学生由知道到理解,再到应用和综合,难易程度都体现出题目思维含量的变化,每位教师除了解释清楚自己的题旨,有着明确的训练目标外,还要注意时间把控、难易适中,题型比例适当,表述是否合理、规范、思维是否有漏洞等,这都成为提高教师教学水平的有效途径。

四、学导式课堂检测的基本环节

高效的课堂检测应该以掌握学生的学习状态为基础,引导学生自主地将书本上的知识内化为自己的知识体系,实现自主学习与合作互助的有机交融。

步骤1:学生预学。为了很好地检测学生的预学效果,教师精心设计预学内容。一是增强预学内容的探究性,为学生提出思考的方向,而不能搞成课后练习课前练。二是预学自测题根据学科特点设计,自测题不能多,但一定要精心设计有代表性的题目。三是质疑不能省。学生预学后提出自己不理解的问题十分重要,既有利于培养学生独立思考的能力,又为老师的导学、点拨提供了方向。四是控制好学生预学的时间。可以由小组长负责监督和检查预学结果,老师抽查为辅,并对学生完成的情况加以点评。

步骤2:小组互助 。小组互助是学生自主预学的延伸,主要以组内讨论交流为主。教师让小组互助学习成为学生获得自主性发展的一个重要途径,让学生针对检测训练中的一些有效经验以及遇到的问题与同学分享、交流、探讨,以便相互得到解决数学问题的各种方法,弥补自主预学的缺失。

步骤3:展示交流。展示主要分为两部分。一是基础知识部分。因为学生已经预学,教师提前给小组分配展示内容,对预学情况进行展示,可以小展与大展相结合,以小展为主。二是教师在导学基础上,组织学生在组内讨论,再分任务到组,进行探究式的展示,可以小展与大展结合,以大展为主。

步骤4:精讲释疑。在学生展示交流的过程中,教师可以给予学生方法上的指导,做到有针对性地讲解。同时将学生检测过程中存在的自己发现不了或暂时解决不了的问题作为精讲的内容,丰富学生的知识体系。

步骤5:检测反馈。对本节课知识进行检测,注意检测的知识题量、题型适当,但要有层次。尽可能让完成检测题的学生当堂展示,以便对学生予以指导,对普遍存在的问题及时纠正。通过检测能够让学生认识到自己存在的不足以及本节课要重点解决的问题,促进学生学习水平的提升。

步骤6:归纳总结。归纳总结是课堂检测的最后一个环节,也是课堂检测不可或缺的一部分。教师引导学生对检测学习的情况进行自我归纳总结,要求学生对检测进行系统化的概括、归纳,然后由教师进行补充,构建本节课所学知识体系。

教师需要根据教学目标、教学内容以及学生的认知特点,精心设计课堂检测,引导学生展开自主学习,锻炼学生的思维,加深学生对知识的理解和运用,让课堂检测变得更加有效。

第四节　补救表：学与教的耦合

教师的"教"可以做到百分之百,而学生的"学"绝达不到百分之百。在一节课中,总会有个别学生学不会或某个知识没弄懂,这时教师可根据存在的问题做到有效辅导,开展补救教学。课后辅导补救是保障有效教学的最为有效的方法。在教学中,某一环节出现了问题,我们可以通过辅导来弥补和完善,从而使教学活动的有效性延续下去而不至于中断。辅导补救的方式教师可根据具体情况制定切实有效的辅导方案,可通过集中辅导、个别辅导、学生捆绑等方式有效地解决课堂上出现的问题,从而使学生得到更进一步的发展。要想真正做到教学的有效性,"教"与"辅"必须有机地结合起来,"教"是"辅"的引领,"辅"是"教"的保障,教辅结合才能使教学活动的有效性持续不断地发展下去。

一、学导式教学辅导的基本要义

教师备好课、上好课是教学工作的最基本的要求,而教学辅导是课堂教学的必要补充,是贯彻因材施教的重要途径,是实行分类指导、培优补差必不可少的一个环节。做好教学辅导工作,对最终的教学业绩有事半功倍的作用。但在实际的教学工作中,有很多教师,把辅导工作当成平时课堂教学的机械延续,只是在时间上简单相加,而不去认真研究教学辅导方式方法是否可行,最后只起到"画蛇添足"的效果,对学生知识的巩固、能力的提高毫无用处。教师应把教学辅导工作落到实处,真正发挥其对我们的教育教学工作的促进作用。

课堂教学是根本,辅导是必要补充。教师应把主要的精力放到课堂教学中去,只有课堂教学搞好了,辅导才有意义,若不注重课堂教学,抱着课堂有漏洞就利用辅导去补的想法为自己找借口,就会舍本逐末,不可能有好结果,甚至会形成恶性循环,最终得不偿失。

辅导比课堂教学更具有针对性。辅导虽然不是教学工作的根本,但它在发展学生的个性、因材施教等方面,有不可取代的作用。平时的课堂教学,针对的是全体学生,确切来说,是针对中等水平的学生去组织教学的,这样做有利于最大限度地提高班集体的成绩,但也有弊端,对班中的尖子生来说份量不够,会造成动力不足,对班中学习困难学生来说又会显得内容太多了,有一定的学习障碍。课堂教学这方面的不足,就需要用辅导去补救,因为辅导的面较少,可更有针对性地帮助学生学习。

教学辅导与课堂教学不可混淆。课堂教学和辅导是两个不同的问题,有密切的关联,但不可完全等同,有部分老师把辅导简单化,一听说辅导重要,就找时间拼命补课,这是为自己课堂教学的不足埋单,也侵占了学生的自主学习权,不是合理的教学辅导。

二、教学辅导的分类和要求

(一)教学辅导基本类型

辅导的分类很多,一般来说,可分为课前辅导、课内辅导和课后辅导三大类。

课前辅导。主要是帮助学生做好课前预习,提高他们自主学习及合作学习的能力,以便能在上课时起到事半功倍的作用。特别是一些重难点问题,估计学生学习有困难的知识点以及与学生现实生活联系不大、学生比较陌生的知识点,教师课前辅导尤其重要。

课内辅导。主要是上课时针对课堂教学的特殊情况,对学生进行一些有效的点拨,让学生更好地接受老师传授的知识以及更好地掌握运用知识的能力。

课后辅导。是在上课后自己反思上课的得失,对一些接受能力较弱的学生进行基础知识的辅导,对一些能力较强还可能进一步拔高的学生进行知识突破、应用能力提高方面的辅导。

(二)教学辅导基本要求

根据顾泠沅先生提出的教学序进原理:"教育者根据不同对象的发展水平,有步骤地提高所呈示的知识和经验的结构化程度,组织好从简单到复杂的有序累积过程,是提高转化效率的基础。"一名学困生一旦问题累积到在学习进度上脱节,要补回来并非易事。学习是一个循序渐进、由低到高的过程,这时,我们再要求他们和其他同学一样齐头并进已经不现实了,所以,教师不仅要不断鼓励,加强辅导,还应该帮他们设置适合他们的课堂学习目标、作业目标、阶段性学习目标、复习目标,使他们通过努力能够做到和其他同学齐头并进,让他们也能尝试成功的快乐,增强学习信心,提高学习兴趣。

　　无论是哪种辅导,都要坚持以明确学习目的、端正学习态度为前提,帮助学生提高成绩为宗旨,按辅导要求辅导学生、解疑答问、培优补差,动之以情,晓之以理,持之以恒,且不得利用自习课时间借辅导名义补课。

三、落实教学辅导的基本环节

（一）落实辅导对象

　　我们的辅导工作也是和课堂教学工作一样,要有系统性,也要有明确的目的,所以首先要落实好辅导的对象。我们在课前辅导、课内辅导及课后辅导时,都要对需要辅导的学生心中有数,有所侧重而不盲目,真正做到有的放矢,最大限度地提高辅导工作的效益。若对象不落实好,像一些老师一样只是随机抽取一些学生式或全班一起上课式或临时遇到问题才匆匆上马式的辅导,不仅不会促进学生的发展,还会造成学生一种无所适从的感觉,从而加重了学生的学习负担,事倍功半。

（二）落实辅导时间

　　学导式教学是一个集体合作的过程,任何一个学科都不能凌驾于其他科目之上。所以,任何一科的辅导都要选择适当的时间,这时间不能和其他学科学习时间有冲突,不能和学校的活动有冲突,也不能与学生个人必需时间有冲突,而且这个时间一旦选择好后,就要相对固定下来,切忌"三天打鱼两天晒网"。只有这样,才能让学生养成一个良好的接受辅导的习惯,对学生的学习就有一个渐进性的促进作用。如在初三复习中,有些学困生的辅导要坚持整整一年,才能使他们进入到稳定的合格生行列。学习辅导是一个长期的功夫,不是一两天就能有很明显的效果的,有些老师不明白这点,往往是遇到问题时就热情万丈地搞突击辅导,有些甚至严重侵占了其他学科正常的学习时间以及学生正常的休息时间,造成很大的负面影响。

（三）落实辅导内容

备课对辅导学习极其重要，甚至比正常的课堂教学的备课要花更多的心思。每一次进行辅导前，要认真准备辅导的内容。如对一些学习上有心理负担的学生，教师应根据自己所了解的情况，确定谈话辅导内容、方式，而不能仅靠临时发挥。经验告诉我们，仅靠临时发挥去开导学生，解决学生学习心理负担的做法十有八九是失败的。而对一些学习基础比较弱的学生的辅导，则要针对学生所欠缺的知识，准备好讲解或训练的材料；对那些学优生的辅导，就更要明确每一个学生要突破的方向，准备有利于其综合能力提高的资料。

如此种种，就是要在辅导中做到不打无准备之仗。而从平时的观察看，有三种老师的做法我是不太认同的：一种是把辅导看成是简单的批评和表扬，每天找学生辅导时，都是公式化的几句话，"你这次考试（这段时间）如何如何，你要怎样怎样努力"等，但没有一句话有实质性的内容，甚至连努力的方向都没有，完全是走过场的形式。第二种是把辅导看成是加强背书或做练习，平时不准备，每一次辅导都是随便让学生背下书或匆匆找一份训练题丢给学生了事，这种辅导是很不负责任的。第三种是因没有落实好辅导内容，把辅导看成课堂教学的浓缩，只把课堂讲过的内容重新讲一遍，变相"炒冷饭"。

很难想象这三种做法会有什么效果。

（四）落实辅导方法

为了让辅导有好的效果，除了选择好相关的辅导内容外，还要有恰当的方式方法。如对学习心理方面的辅导，用个别谈心的方式比面向大众的说教效果要好；对学优生能力的辅导，用对训练题面批面改的方式更有针对性；对部分共性的基础知识不扎实的学生的辅导用小组辅导与小组合作的方式进行效益更大；对个别性格偏激，一时接受不了自己的观点又不适宜当面交流的学生，在其作业本上用文字交流的方式进行辅导；等等。总之，每个老师都有自己的风格，每个学生都有自己的特点，辅导时要找到两者的最佳结合点。

（五）跟踪辅导效果

辅导学生是以明确学习目的、端正学习态度为前提，帮助学生提高成绩为宗旨的，能否达到既定的效果，是衡量我们辅导工作成败的标志。在对学生进行一定时间的辅导后，必须自我检测辅导效果。检测结果若达到或超过预期的，说明辅导有效，可坚持做下去；检测结果若达不到预期的，说明辅导的某一环节出了问题，要查明原因，不断完善，争取下一阶段的辅导能有好的结果。

学导式教学辅导手记

惠民中学关注辅导学困生的"四法"

一是情感投入，以情攻心。教师在平时的教学工作中，不失时机地对学生进行激发，抽出时间做思想工作，见缝插针地对学生进行点化，以热情、欢迎、接纳的态度鼓励学生，不能歧视、讽刺学生。多给他们提供参与机会，如课堂发言、讨论、提问等，多给学困生一定的帮助，让他们有机会也能获得成功感和满足感，逐渐培养起学困生的学习兴趣，树立迎头赶上的学习信心。教师耐心辅导，保护学生的自尊心。

二是通过教学培养学习兴趣和学习信心。学生要上好一节课，首先要做到听课不分心，听懂老师讲课的内容，传授了什么知识与方法，同时要做到记笔记，做好课堂练习，积极主动地回答老师的问题，做到动脑、动口、动手。而学困生经常在课堂上如坐针毡，有着很明显的焦虑情绪，这说明我们的教学已经脱离了学生实际，教学设计不符合学生的认知规律，既没有遵循学生认知的情意原理，也没有遵循学生认知的活动原理，更没有调动起学生的学习积极性。

三是为学困生设置学习目标。教师加强辅导以外，帮学困生设置适合他们的课堂学习目标、作业目标、阶段性学习目标、复习目标，使他们通过努力能够做到赶上其他同学的步伐，让他们也能尝试成功的快乐。

四是经常查缺补漏，防止学生学习脱节。在教学中注重打好坚实基础的前提下提高学生的能力，通过提高学生的学习能力来使他们基础打得更扎实，培养学生促进知识迁移和思维迁移的能力，解决学生"一看就会，一做就错"这种眼高手低的毛病。

第四章

以教导学：学导式教学的智慧

　　以教导学是教师主导学生学习的教学过程，贯穿于课堂上的启发教学、课间的合作学习和课后的作业设计等方面。教学过程中教师处于主导地位，学生处于主体地位，教学的最终目标是"学"。教学过程的"教"与"学"是不可分割的一个整体。

教学过程中教师处于主导地位,学生处于主体地位,教学的最终目标是"学"。教学过程的"教"与"学"是不可分割的一个整体。"以教导学"是教师主导,学生学习的教学过程,贯穿于课堂上的启发教学、课间的合作学习和课后的作业设计等方面。

"学导合一"强调以学生为主体,不意味着教师不"教",也不是传统教学中"满堂填鸭式灌输"的低效教学,而是要以"教"导"学",有"教"的参与,"学"会变得更具合理性,也更加顺利。

教师要致力于教学生学会学习,陶行知先生对此有过十分精辟的见解:"我以为好的先生不是教书,不是教学生,乃是教学生学。"各科教师都要根据本学科的特点进行学习指导,在教学中,要有目的、有计划地通过科学学习方法的示范和渗透,通过讲授科学的学习方法,来指导学生怎样阅读、怎样思考、怎样探索、怎样总结、怎样评价,从而培养学生独立获取知识的能力、系统整理知识的能力、科学运用知识的能力。在这个过程中,教师的教学能力、分析和解决问题能力不断转化为学生的独立学习能力。

现今学校对教师的引导作用越来越有要求,而学校的教师平时也都致力于教材研读与教案的精心预设,但教师往往满足于教案的顺利执行,多数情况下教师就会把控不住,在课堂上以教师的"教"替代学生的"学",教师教得很辛苦,学生学得很被动。著名教育学家布鲁纳的发现学习理论强调:学生的学习应是主动发现的过程,而不是被动地接受知识。

在教学过程中,教师一定要转变观念,从主观地设计实施教案转向科学地规划、引导学习过程,重点要引导学生探究、质疑,教给学生方法,为其终身学习奠定基础。教师可以创设问题情境,引发学生对知识本身发生兴趣,产生认知需要,产生一种需要学习的心理倾向,激发自主探究的学习动机;在研究课程标准、学生的学习需要以及注重具体学习过程中培养学生的学习态度、学习方法、学习能力的基础上探索导学案的编纂及使用方法;利用图像教学促进学生学习,将具有形象直观、通俗易懂等优势的实物图片融入教学,容易使学习者建立心像、提高认知、加强记忆。将实物图像渗透进教学环节,使实物图像成为学生学习的支撑,帮助他们探究学习。

第一节　导学的艺术

"以教导学"是学生在教师指导下自主学习,主动参与教学的全过程。传统教育观认为在教学关系中,教支配学,学无条件地服从于教,教学由共同体变成了单一体,学的独立性、独立品格丧失了,教也走向了其反面,最终成为遏制学的"力量"。教师越教,学生越不会学、越不爱学。可以说,这种以教为本位的教学关系,完全把学生定位在依赖性的层面上,低估、漠视学生的独立学习能力,忽视、压制学生的独立要求,从而导致学生独立性的不断丧失,这是传统教学不能促进学生发展的根本原因。多年来,惠民中学全体教师以教研组为基本单位,人人参与,积极思考。各教研组整合教材,编写导学案,并在实践中不断完善、修改导学案。用"学案导学"提升办学质量。

一、"学案导学"的基本思路

突出落实学生在教学中的主体地位,体现自主参与意识和自主发展的教学目标,让学生在学案引导下学会学习,学会创新,提升能力,增加课堂教学的科技含量。"学案导学"教学模式打破只用教案教学的常规做法,以学案为载体实施对学生自主探究、主动学习的指导,将课下与课上相结合,学案与教案(或课件)相结合,学生自主学习与教师讲解诱导相结合,课本知识与生活实践相结合,知识技能与能力素质的培养相结合,形成全方位、多渠道、多角度的"立交桥",让学生自主探究,主动学习,亲身体验知识形成的过程。

"先学后教、以学定教"的核心就是要调整教与学的关系,以"教学互动案导学"为平台,凸显学的地位和作用,赋予学生学习的内容、权利和责任,激发学生学习的兴趣性、独立性和创造性,从根本上实现学生的学习方式和教师的教学方式的转变。为学生的发展而教,以学生的发展为本;体现以生为本,以学为主。改变课程过于注重知识传授的倾向,强调形成积极主动的学习态度,使获得基础知识与基本技能的过程同时成为学会学习和形成正确价值观的过程。改变课程实施过于强调接受学习、死记硬背、机械训练的现状,倡导学生主动参与、乐于探究、勤于动手,培养学生收集和处理信息的能力、获取知识的能力、分析和解决问题的能力以及交流与合作的能力。以改变学生的学习方式为基础,以学生为中心,以学生的主动学习为教学的主线,使"课时"成为"学时",而不是"教时",让学生学会学习、形成终身发展的能力,体现学案导学、顺学促教、以教导学、以学定教。以学生的学习状态确定教师的教学行为。凡是学生已会的或通过学生讨论等活动能学会的教师坚决不教,减少不必要的无效劳动。坚持以学论教、因学定教。教师要做到"该讲的大胆讲,不该讲的坚决不讲",切实落实教学的针对性,把教学用在刀刃上,用在解决"最近发展区"的问题上,真正实现少教多学。教师从"一线"退到"二线",为学生自学、探究、交流、归纳、反思当好"导演",尽可能地让学生由被动地接受变为主动地建构,真正成为学习的主人。

二、"学案导学"的价值取向

(一)真正体现学生的主体地位

导学案导学,自始至终是学生自主学习的过程。学生在拿到导学案后,即已开始了主动学习,这时导学案是学生很好的指导教师,通过导学案学生可以明确了解学习目标,掌握学习的重点,并自觉地进入预习状态,80%的学生能解决80%的基础知识,并重新发现和确认学习过程中的重点、难点和疑点,自觉地做好了课前准备。课上,学生在教师的动态点拨和导学案的书面指导下,或自学或互学,或研讨或探究,或自我钻研,或小组讨论。学生自觉地参与到集体中,融入到学习的每一个环节中。这里没有教师陈述式的讲解,完全变成了学生在教师指导下的自主学习与合作学习的过程,在这个过程中学生真成了学习的主人。

(二)真正体现教师的主导作用

落实学生的主体地位并不能忽略或取消教师的主导作用,否则学生的学习将成为无序、无目的、无方法、无目标的学习。导学案导学,从研制导学案开始,教师就已进入了指导角色,因为从学习目标的确立,学习方法的设计,到学习内容、学习环节的设计,无一不是教师个体和群体的智慧体现,课堂上教师随时把握和调节学生学习的环节和节奏，并根据教学环境的不断变化随时给予帮助和点拨，利用启发机智促进知识的生成和能力的提升。教师既不是目中无人的讲解者，又不是冷眼袖手的旁观者，而是真正参与到学生的学习中，成为真正的启发者、点拨者和诱导者。

（三）真正实现因材施教

导学案导学再也不是教师一人讲大家听，齐步走随大流，更不是大屏幕上幻灯片过眼云烟式的展示，而是真正的异步学习、异步指导。学生手头有导学案，每个学生可以有不同的学习方式、学习策略和学习速度，教师则根据不同学生的不同学习状况或集体点拨或个别指导，教师的主要精力集中在那些学习暂时有困难的学生身上，并根据他们的不同特征有针对性地对症下药。学生则可以根据自己的需要，或独立钻研，或请教老师、请教同学，按需索取，自由地完成学习任务。导学案虽然明确了学习要求和具体的方法指导，但它绝不是一个僵化的教条，而是一个动态的学习线路图，学生完全可以自主地、自由地设计和实施自己的学习策略，教师则可以根据教学情况因人、因事随机做好指导。

（四）真正做到低负高效

导学案导学，将教学的重心前移，工作做在了课前，主要精力集中在了课上。导学案导学实施堂堂清，严格控制课后作业量，学生再也不用为赶不完的作业犯愁作难。导学案是根据课程标准和具体的学习目标设计的，已涵盖了"三维目标"的基本要求，学生通过导学案进行必要的学习、探究、训练、检测和拓展，真正跳出了题海。导学案既是学生课堂学习的方案，又是期中期末的复习材料，这样既减轻了学生的学习负担又减轻了学生的经济负担。

导学案导学促使学生有备而学。在学习的过程中，学生进行的是有方向、有目的、有策略、有方法、操作性极强的有效学习。学习完全自主，学生完全参与其中，他们完全主宰着学习，效率自然很高。导学案的设计遵循了人的认知规律，由预习准备开始，到提出问题、研讨学习、释疑解难、训练巩固、监测评估，再到拓展训练，环环相扣，知识生成、能力提升自然蕴含其中。传统的简单机械性学习完全被科学的学习机制所替代，"少慢差费"自然就成了"多快好省"。

（五）真正激发学生集中学习精力

导学案将学习的重点前移，规定了预习的内容、方法和要求，在很大程度上满足了学生的好奇心和求知欲，课上学习采用的问题式教学、探究式学习，大大激发了学生求疑解困的欲望，学习的兴趣和积极性得到了充分的调动，主动参与成了学生的一大特征。导学案中提出的每一个问题，时时吸引着学生，精力自然集中。由于导学案中问题是固定呈现的（不像老师口头提问转瞬即逝也不像电教的即时转换），既排除了对学生思维的干扰，又给学生思维留下了很大的空间。学生能真正集中起精力去思考、去探究，这不仅有利于学生的学习，也利于学生良好习惯的形成。

三、学案导学的设计与实施

（一）导学案设计的内涵要义

导学案是根据学生的学习特点和所学学科的知识特点进行制定的符合教学目标以及教学内容的教学方案，是教师遵循导学式教学法原则，指导学生依据知识建构的过程进行自主学习的一种教学方案。导学案的教学过程是根据学生的学习过程来设计的，教学围绕学生的学习展开，是在以学生自主学习为主的基础上教师给予恰当指导的教学过程，是帮助并促进学生学习的方案。导学案本质上也是一种教学方法，激发了学生的学习兴趣和学生的学习热情。

（二）学案导学对教师能力的基本要求

学案导学要求教师提高三个能力：备课中的厨师能力，课堂上的公关能力，教学中的导演能力。

备课中的厨师能力：教师必须根据教材精选材料，精选认知策略，精收反馈信息，优选教学方案，优化教学手段，在抓住重点、凸显难点、破解疑点上下功夫，在能提高学生能力的支撑点上下功夫，在能激发学生主体意识的兴奋点上下功夫。

教学中的导演能力：在课堂教学的实施过程中，教师好比导演，要为学生创造表演的舞台，让课堂充满魅力。教师必须根据教材内容，灵活使用教学手段，做到寓教于趣，寓教于乐，寓教于情，让学生始终处于学习的亢奋状态。

课堂上的公关能力：教学中教师必须激励、唤醒学生的主体意识，变"要我学"为"我要学"。为此，教师要主动接近学生，通过平等、民主的师生交往，了解学生的知识需要与情感渴求。

（三）导学案编写过程的基本要求

导学案编写要做到"四个吃透""四个把握"：一是吃透教材内容所占的地位、整体结构、主要线索、纵横联系，把握住知识点，形成知识链，构成知识网；二是吃透教材编写者的意图，把握住重点、难点、训练点，实现学用结合；三是吃透教材中针对不同层次学生的要求，把握住教材内容的深度、广度，以实现"因材施教""差异教育"；四是吃透如何让学生真正参与学习的全部过程，把握住知识的停靠点、能力的增长点、思维的激发点，以解决学生思维、探索的问题。

（四）使用学案导学应注意把握关键环节

学生使用导学案学习的几个关键环节是：课前预习——学习研讨——交流反馈——巩固训练——拓展迁移。

教师在参与学生的学习过程中，每一个环节都要跟上学生的进度从而进行指导和服务，特别是针对每一个学生的指导和服务。为了提高指导和服务的质量，在学生学习的每一个环节中都必须把握好几个环节：提出问题——明确要求——指导方法——学生学习——反馈展示——启发点拨——作业训练——反馈展示——再点拨——再训练。

其中有两个重要的环节要求教师重点把握：一是提出问题。它决定着学生学习的路线、方向和目标，是决定学生学习效果的基础和前提，教师必须精心设计。二是启发点拨。这是教师主导的关键发挥，学生学习的质量保障、教学目标的达成都依靠它来实现，所以说点拨启发是关键中的关键，教师必须利用自己的智慧精心点拨、巧点拨，点拨到位。

七年级第一学期语文导学案

知识要点

1. 给加点字选择正确读音。

附和(hé　hè)　　　　　　　结实(jiē　jié)

沉着(zhe　zhuó)　　　　　　喝彩(hè　hē)

2. 改正下列词语中的错别字。

目不转精(　　)　　　　　　不知所错(　　)

惊心动破(　　)　　　　　　坐无虚席(　　)

3. 根据下面的解释写出正确的词语。

形容剧场或者礼堂等演出坐满了观众。　　　_____

事先没有想到。　　　　　　　　　　　　　_____

眼睛紧紧盯着。　　　　　　　　　　　　　_____

由于惊慌心里跟着震惊、激动、害怕等。　　_____

八年级第一学期物理导学案

知识要点

思考：什么是摆的等时性？伽利略认为来回摆动一次的时间和哪些因素有关？

实验：摆动周期与哪些因素有关?

1. 在研究摆动周期和_____的关系过程中,保持_____、_____不变,只改变_____。

2. 在研究摆动周期和_____的关系过程中,保持_____、_____不变,只改变_____。

3. 在研究摆动周期和_____的关系过程中,保持_____、_____不变,只改变_____。

控制变量法：当多个因素影响某个物理量，在研究这个物理量和哪些因素有关时，每次只让_____个因素改变而保持其他因素_____的研究方法。

结论：摆动周期只与_____有关，而且_____越大，摆动周期_____。

九年级第一学期化学导学案

1. 通常情况下，氯气是一种黄绿色的具有刺激性气味的气体。1 L 氯气大约重 3.17 g，密度比空气大。在 1 L 水中约能溶解 2 L 氯气，氢气能在氯气中燃烧，生成氯化氢气体。氯气能跟碱发生反应，工业上常用氯气跟熟石灰反应来制取漂白粉。

氯气的物理性质是_____

氯气的化学性质是_____

氯气的用途是_____

2. 完成下表

实验名称	实验现象	化学反应方程式
1. 把稀盐酸滴在大理石上	大理石表面有_____产生。气体是_____。	
2. 向盛有澄清石灰水的试管通入二氧化碳气体	碳酸钙_____（溶或难溶）于水。	
3. 镁带在空气中燃烧	_____。	
4. 在盛有氢氧化钠溶液的试管中滴入酚酞试液，再滴加稀盐酸	溶液先由_____，后_____。	
5. 在盛有硫酸铜溶液的试管中滴加氢氧化钠溶液	硫酸铜溶液呈_____色，反应后有_____生成。	
6. 加热盛有高锰酸钾的试管，过一会儿用带火星的木条试之	带火星的木条_____生成气体是_____。	
7. 在盛有生石灰的试管中滴加水并用手触摸试管外壁	_____。	

用"学案"导引学生成长

在认识到"学案导学"的重要性后,再准备一堂课时,我不再忙于"写教案"了,而是潜心于设计出一份适合学生的"导学案"。在设计"导学案"时我会站在学生的角度,把自己想象成任教班级里的某一名学生,他遇到这篇文章想了解什么,想学到什么,遇到这个问题会怎么思考……我提前两天设计好导学案,发下去先让学生用铅笔完成可以完成的部分,隔天收上来批阅,看看学生自学完成的情况,及时调整第二天的课堂研讨。由于有了导学案的指引,学生预习时不再是之前的"两眼一抹黑",除开标个小节序号、读遍课文或者查几个生字外就无所事事了。他们会在自学完成导学案的过程中对即将要学的课程有个较全面的把握,对课文的重难点有清晰的了解,因而课堂参与积极性大大提高了。由于之前较深入地研读课文,他们还能形成自己的想法,更易在课堂上形成各抒己见的场面,不再任由老师"牵着鼻子走"。在上吴刚的报告文学《罗布泊,消逝的仙湖》一文时,结合学生实际情况,根据课文内容,我将学习目标设计为圈画、品读关键语句,体会本文作为报告文学的真实性、形象性和抒情性,理解作者蕴含在其中的思想感情,理解建立人与自然和谐关系的重要性,树立环保意识和可持续发展的观念。课前我印发了导学案,跟学生说上这一课时会有很多老师来听课,希望同学们提前认真思考上面的问题。一名学生悄悄问我:"老师,我们这算不算'舞弊'?"我笑着说,现在学案导学是很多学校都推崇使用的教学模式,就是让学生能在上课前对即将要学习的内容有较好的把握,以便于更好地参与到课堂研讨中来。又有名学生颇神气地跟我说:"老师,我从课文中找了好几处使用了修辞的句子,练习读过好几遍啦,上课我肯定会举手的,您一定要叫我啊!"果真,课堂上,这名学生举手非常积极,班上很多平时不大爱举手的人也异常活跃,尤其是"拓展深化"部分,以前很多时候,问题提出来犹如石沉大海,这堂课上,同学们却争先恐后,都有话可讲,我想,这在很大程度上得益于导学案的使用。

叶圣陶先生说过："语文教材无非是个例子，凭这个例子要使学生能够举一反三，练成阅读和作文的熟练技能……"古希腊托勒密也很早就断言："未来的文盲，将不再是不识字的人，而是没有学会学习的人。"导学案用得多了，学生渐渐地对类似文章的重难点、学习思路有了一定的掌握，便能够用之前的导学案指导自己对同类文章的学习，做到触类旁通、举一反三，更好地发挥了教材作为"例子"的重要作用。

——摘自张梅《教师"不教"，学生"会学"的桥梁》

第二节　学习的智慧

　　"以教导学"是激发学生学习兴趣的教学智慧,是一条提高教学质量的教改之路。第一,教学生学会学习,核心和基础是学会阅读(教科书)和学会思考(提问和质疑)。这是教的着力点,是实现少教多学和"教是为了不教"的关键和前提。教师根据学科性质、教材特点和学生基础切实有效地对学生进行学习方法指导,让学生学会学习。第二,让学生独立学习,从课内和课外保证学生独立学习的时间。相信学生独立学习的潜能,不断地把学习的主动权和责任交还给学生;把教学建立在学生独立学习的基础上,使教学成为推进独立学习活动和巩固、深化独立学习效果的一种学习活动。第三,合作学习培养学生团队精神。采取各种形式,鼓励和要求学生进行合作学习,让学生在相互帮助、相互沟通、相互质疑中共同成长、共同进步。第四,以学论教、因学定教。该讲的大胆讲,不该讲的坚决不讲,切实落实教学的针对性,把教学用在刀刃上,用在解决"最近发展区"的问题上,真正实现少教多学。第五,以学生学习为本,面向全体学生。把学习建立在每个学生原有的基础上,从实际出发,引导每个学生循序渐进地进行学习,树立信心,激发兴趣,实行"兵练兵、兵教兵、师练兵、师教兵",使学习进入"学会——兴趣——愿学——会学"的良性循环轨道。课堂上关注每个学生的表现和发展,特别留意为基础较差的学生提供机会和帮助,切实让每个学生在课堂上都学有所得,真正实现课堂公平。第六,目标导向,强化效率意识。以目标为导向,把课堂教学的预设性和生成性、封闭性和开放性有机地统一起来,使教学的各个环节、各个要素都指向明确具体的目标,能够实现提高课堂教学的效率。

一、激发学生的学习兴趣

(一)建立融洽的师生关系,激发学生的学习兴趣

　　重视教师的言传身教。亲其师则信其道。人的感情有潜移功能,学生则更为强烈。学生如果喜欢他们的老师,那么他们对这位老师所教的学科就会产生兴趣。学高为师,德高为范,教师的言谈举止对学生起着潜移默化的作用,教师高尚

的人格和渊博的学识将在学生的心灵上打下深深的烙印,甚至影响他们的一生。为此,我们倡导教师处处以身示范、严于律己,做好学生的引路人。

把信心还给学生。使学生热爱老师,老师首先要关心和爱护学生,做学生的良师益友。在平时工作中,要求教师多关心学生,多与学生交流,经常激励学生奋发图强,不怕困难,积极向上。

善待每一位学生。教师树立"以教导学"的意识,从关心爱护每一位学生出发,面向全体,对各类学生分层要求,因材施教。加强师生间的交流,多表扬、多鼓励、多肯定,营造一个民主、平等、和谐、相互促进的适宜学生发展的环境。

帮助学生制定学习目标。帮助学生结合自己的实际,制定一个不难实现的学习目标,在他们体验到实现目标的喜悦之后,再帮助他们制定下一个目标,让他们在目标的引领下步步前进,不断激发他们的学习兴趣。

(二) 创设情境,激发学生的学习兴趣

创设自学情境,激发学习兴趣。开展自学活动,既能丰富学生生活,陶冶性格情操,还能激发学生的学习兴趣。教师在课堂上引入竞争机制,教学中做到:低起点,突重点,散难点,重过程,慢半拍,采取多鼓励的方式,结合教学内容布置思考题,引导学生主动去学习、去思考。这样学生既可以得到教学知识的充实,又能增强学习的兴趣。

创设生活情境,诱发学习兴趣。知识来源于生活,离开了生活,知识就成了无源之水、无本之木。要善于沟通知识与生活实际的联系,使学生更好地理解和掌握知识,感受知识的趣味和作用,对知识产生亲切感、渴望感。

创设问题情境,激发学生学习兴趣。教师可以预先设计或在课堂中因势利导地提出富有启发性的问题,也可以利用图画、故事创设高效情境,给学生一个充满情趣的故事情境。在高效的游戏情境中与教材产生直接的碰撞,从而使他们很好地领悟教材。

创设手脑并用情境,诱发学习兴趣。操作是学生获取知识的主要途径,也是教学的有效手段之一。瑞士心理学家皮亚杰说:"知识的本身就是活动。"教师可以在课堂教学中,多让学生动手操作。这不仅可以提高学生的学习乐趣,还可以发展学生的潜能。

（三）实施多元评价，激发学生的学习兴趣

评价目标多元化。每个人的智力各有特色，每个学生都是独特的个体。教师应特别注意"多用几把尺子"去衡量学生，力求使每一位学生各取所需、各尽所能，在原有的水平上不断得到发展和提高。也可以通过课堂教学分层设计，根据学生的实际情况进行选择，不同学生的需要，不同程度地落实新知，实现所有学生的共同提高。让学生在心理上都能得到满足，都能品尝到成功的喜悦。

评价语言激励化。对学生的评价都应采用激励性语言，更多地倾注宽容、尊重、理解、表扬和鼓励，使学生产生一种"学习成功"的情绪体验，形成"乐学"的心态，学习就会更积极、更主动。而且，平等融洽的师生关系，也可以提高学生的学习兴趣，增强其自信心。

评价主体多元化。教学过程是师生之间、学生之间交往互动与共同发展的过程。在孩子的学习过程中，学生不是一个个孤立的个体，而是互动的一个学习群体。这就要求教师更多地成为评价活动的组织者、协调者，使学生们成为评价主体中的一员，利于发展他们的合作精神与竞争意识。

总之，兴趣是最好的老师。学生只有对学科感兴趣，才能学好。要激发起学生的学习兴趣，首先是要让学生"爱上"你这个老师，其次就是在教学中千方百计地去调动学生的积极性，激发学生学习的浓厚兴趣。

二、教会学生学习方法

教学是一个过程，在这一过程中有许多环节，其中课堂教学是教学过程的中心环节，只有课堂教学这一环节效率最大化，才能使整个教学过程取得较好的成绩。

（一）给学生平等心

教学过程不仅是一个知识传授的过程，更是一个心与心沟通，师生思想交流的过程。要使思想交流做到真挚，起到作用，其中前提就是交流双方必须处于平等的地位。我们都有一种体会，和自己平等的人一起交流思想时，感到很放松，很随意，没有任何的顾忌，也最能表达出自己的真实思想，但和自己的领导谈话，和

自己不信任的人谈话就感到很拘束，不仅不愿意表达，更难以把自己的真实思想表达出来，因为自己的思想中有一种不平等的感觉，谈话时无意中有所保留。学生也是这样，在学生的眼里教师总是高高在上，中国几千年来形成的师道尊严的传统，教师的话被学生称为"圣旨"，在教师面前不敢大胆发表自己的见解，这对教师全面地了解学生的真实思想，提高教学质量是非常不利的。因此，教师要全面掌握学生的思想，必须为学生创造一个敢于讲真话的环境，那就是教师必须放弃师道尊严的训诫，给学生平等心，把自己放到和学生平等的位置上，给学生以尊重、宽容、理解的态度，真正融入到学生中去，和学生随便一些，给学生以亲和力，用关爱、平等、尊重的民主教育行为，去赢得学生的喜爱与信任，为学生天赋和潜能的充分开发创造一种宽松和谐的教育氛围。只有这样才能使学生在和谐宽松的环境中学到知识，心理得到升华，更能达到教育效果。

（二）给学生发言权

课堂是师生交流，共同进步的场所，不是教师唱独角戏的地方，课堂教学中教师的教与学生的学是相辅相成的，一个完整和谐的教学过程应该是师生互动的过程，是师生共同参与的创造性的活动。许多学生课堂听课精力不集中，不能有效地参与到教学中来，一是教师讲的问题没兴趣，听不懂，另外一个重要的原因是课堂上对自己有疑惑的问题不能及时发表自己的意见，提出自己的看法，这样留下的疑问越来越多，最终失去了对课堂的兴趣。课堂是"教学"过程，即教与学统一的过程，而不是"讲课"过程，它应是教师的教和学生的学相统一的过程，只有教师的教没有学生的学的课堂是一个不完整的课堂，不会取得好的效果。学生学的过程不只是听和记的过程，更应该是讲的过程，是一个听、记、讲相结合的过程，即动手、动脑、动口的过程，只有调动学生的积极性，真正体现学生的主体性，才能使课堂收到好的效果。为了调动学生参与课堂教学的积极性，我在课堂上规定，学生在课堂上每当遇到问题时，可以随时示意教师，发表意见，而且学生在发表意见时不必站起来，可以直接在自己的座位上坐着讲，这样一来学生可以更放松一些，可以把问题发表得更全面一些。这样更有利于教师发现问题，促进教学。而且我给自己规定，每堂课除了课前学生演讲以外，下课前总要给学生留出五到十分钟的时间让学生集中发表意见，提出问题，如果学生没有问题，我就点名，激发学生去思考问题,发表意见,开口讲。经过一段时间的训练,学生的课堂活跃度有所增强,讲的多了,真正变为学生自己的东西也多了,效果好了许多。

(三)给学生成就感

成就感是人继续进步的动力,它能够激发学生不停地努力,争取更大的成就,一个没有成就的人就体验不到成就感,起码和别人相比失去了一个前进的动力。学生学习中的成就感就是正确地回答相对比较困难的问题,因此作为教师要努力为学生取得成就感,体验成就感创造条件,提供机会。课堂教学中设计的问题要适度,就是我们所说的跳起来摘桃子,如果问题太难,学生虽经反复努力,但总是屡遭挫折,就会丧失信心,情绪低落。问题如果太浅,学生也会失去追求新知,开动脑筋的动力和情趣。因此,问题的设计要适度且有一定的难度,学生经过克服困难和独立思考能够解决,从而体验解决问题的愉悦和满足,从而进一步激发学生的学习热情,使其以愉悦高涨的情绪投入新的学习,学生的这一成就感会激发他一节课,乃至一天都处于兴奋之中,学习效果自然也会好。

(四)给学生方法论

方法论就是做事情的方法,做任何事情都要有一定的方法,课堂教学决不是单纯的传授知识,教师课堂教学的过程不仅是一个传授知识、沟通思想、交流感情的过程,也是一个教给学生方法的过程。学生从老师那儿学到的不仅是知识,还有学习和做事的方法。教师的教学方法直接影响学生的学习方法乃至以后的做事方法。一个课堂呆板,照本宣科,善于唱独角戏的教师,他的学生大多不会是思维敏捷,举一反三,学习灵活的学生。因此,教师在课堂上要注意改进自己的教学方法。

如前所述,在讲课中我除了激发学生提问题,开口讲的积极性以外,对于一些相对比较简单的问题安排学生当老师进行讲课,根据学生好胜的特点,我把学生分成小组,安排小组之间进行比赛,根据政治课的特点和教材的内容我经常安排学生外出参观,把课堂和社会连在一起,等等。在讲课中我除了讲教材的内容,还经常把教材中没有但学生比较感兴趣的知识,历史故事搬进课堂,给学生一些新鲜的刺激,让学生多方位地接收知识。这样一是可以让学生了解更多的知识,再是可以调节课堂的气氛,正所谓用教材教而不是单纯地教教材,跳出教材的目的是为了更好地回到教材中来,更好地调动学生的积极性,来学习教材。如果教师完全局限于教材,不敢越雷池一步,亦步亦趋地跟着教材,那永远也教不好教材。这不仅是教学,更是一种做事的方法。

总之,课堂是一门艺术,艺术就要靠大家去创造,被广大群众接受的艺术就是好艺术,也有生命力。课堂教学也是这样,被学生接受的,学生能够积极参与到课堂教学中来的艺术就是好艺术,这样的课堂就是好课堂,就一定能够收到好的教学效果。

(五)给学生体验权

学生"多学"的一个重要方式是体验学习。尊重学生的各种体验权利,创造条件让学生动眼、动脑、动口、动手;尊重学生的体验学习方式,让学生适当走点弯路,允许学生犯点错误,鼓励学生带着问题去实践;尊重学生知识和能力获得的规律,不将现成的果子摘下来还要削掉皮切成块甚至做成果汁然后再喂到学生嘴里,不把教学视为一种恩赐行为。

教师教学经验手记

光 的 折 射

物理学中,很多物理量都有其相通之处,如电流与水流、密度与比热容、光与电磁波等等,类比法的作用就是当你记住一个物理量时,根据其相同之处,便可以更好地理解另一个物理量。

在"光的折射"猜想环节中,学生需要类比光的反射规律,来思考光的折射可以研究的内容。学生回忆过去的知识点,很多情况是在学案的课前准备中加入光的反射实验练习,让学生课前巩固。但这种方式,只会增加学生思考的负担,没有内容支撑,如何才能想得起来呢?

发现光的反射图像的出现,能更好地唤起学生对过去知识的记忆,学生通过观察图中角与角的大小,线与线的位置,便可粗略地讲述出规律来,此时教师要做的就是进行适当的纠正。

如图4-1所示,两种光图像进行了一次类比,学生讨论获得研究的目标与光的反射规律又做了一次类比,一次又一次地给学生一种无形的暗示,使得学生在教学中产生一个新的学习方法——类比法,在教学中,教师并没有正式地提到类比法的名称,通过图像的启示,学生思考后自主获得了这种特殊的学习方法。

如图4-2所示,给出的是两种光学现象中验证光路可逆的方法,学

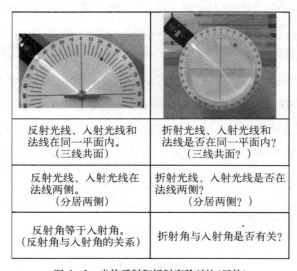

反射光线、入射光线和法线在同一平面内。 (三线共面)	折射光线、入射光线和法线是否在同一平面内? (三线共面?)
反射光线、入射光线在法线两侧。 (分居两侧)	折射光线、入射光线是否在法线两侧? (分居两侧?)
反射角等于入射角。 (反射角与入射角的关系)	折射角与入射角是否有关?

图4-1 光的反射和折射实验对比(目的)

图4-2 验证光路可逆

生由于之前的教学环节的参与,在潜移默化中,已经明白此次实验必须使用类比法,此时只要请一位同学上来指一下接下来入射光线的位置,所有学生便会马上明白该做什么,很快就能获得光路可逆的结论了。

实物图像与类比方法的结合,使得学生的思路从无到有,能更快、更好地设计出相似的物理实验。

——摘自张林《初探实物图像在物理教学中的有效性》

第三节　反思的立场

反思是指对学过的知识或经过的事件进行回顾和思考的一个心理活动过程。"学而不思则罔，思而不学则殆"是我国古代教育家早就提出的反思理念，强调学与思的统一，注重学习之后的反思。教师在平常的教学中要有意识地培养学生的反思能力，提高学习思维品质，让学生真正成为学习的主人。学导式教学方式以学生为主体，引导学生积极参与课堂，使学生的自主学习能力得到了发展，让学生学会不断反思自己的学习过程，促进学生自我反思，使他们的能力得到提高。

一、注重培养学生学习反思意识

一是培养学生自主学习反思。反思性学习最显著的特征就是以认知理论为指导的对自己学习过程的再认知、再思考，是一种内蕴的高层次理性思维活动，体现了学生的自主性、高层次、目的性和发展性。在传统的以教师为中心的教育教学中，学生处于被动接受的地位，学习缺乏自主性，即使有反思，也往往处于混沌状态，缺乏正确的引导。

把学生从无意识的、盲目的、自发的反思发展成有意识、有目的，自觉的反思，对学生已经存在的带有自发性的反思意识进行激励和引导，并强化这种意识，将反思内化为学生的潜意识和思维习惯，使学生在学习前后针对学习计划、学习过程、学习结果等进行自觉、主动的反思。使学生成为一个对自己的学习负责并不断反思的"反思学习者"，最终使学生成长为自律学习者，一有可疑之处就立即进入反思状态。

自我反思是学生主体性的表现，没有反思就没有学生知识和概念的自主建构。

二是培养学生学会学习反思。让学生充分意识到反思对自己成长和发展的价值，明确反思不仅能及时改正错误，还能优化自己的知识结构，提高自身素质。但要使学生真正乐于反思，提高反思意识往往是不容易的，这就要求教师为学生创设一定的反思情境，营造一个信任、合作的氛围，鼓励学生积极反思，同时还要提供适当的事例或一定的反思线索，以帮助学生学会反思。在平时的学习中，应培养学生的反思意识和反思能力。根据教学实践,每上完一堂课,就让学生反思:"这堂课我学会了什么? 怎么学的?""我明白了什么?""我还有什么疑惑?""我有什么好的建议?"更侧重引导学生反思活动过程中的感受与体验,如"我明白了什么""我不明白什么""我的看法是什么""我发现了什么""我有什么问题""我同意或不同意某种看法"等。

学导式创新教学过程范式

惠民中学"学导式"创新教学过程的范式是在学生自学的基础上,重点关注"解疑——精讲——演练"。结合具体实际情况运用时,灵活多变,充分发挥教师的独创性。

解疑,有两种方式,一是学生互相解疑。将学生按照学业水平、能力、个性特征等分为若干个小组,组织学生运用在自学过程中学到的知识,在小组中进行探讨解疑,通过小组讨论,为学生主动参与,积极交往,合作学习创造条件,使学生进一步加深对所学知识的理解,提高分析问题、解决问题的能力。二是教师解疑。学生在自学的过程中,由于知识储备有限和认知能力的缺乏,必然会遇到一些他们难理解的部分。在这个时候,教师就应该加入到学生的讨论中来,点拨知识点,提供解决该问题的思路、线索,利用直接的知识水平帮助学生释疑。

精讲。在学生自学的基础上,通过信息反馈,精选精讲内容,引导学生更正错误,寻求规律,帮助学生归纳,上升为理论,指导运用。结合教学目标系统知识,给学生一个整体印象,明确学生需要掌握的知识点,进一步落实知识、能力方面的目标。这样突出了重点,帮助学生解决了难点,又不是平均使用力量,不分主次,面面俱到,精讲恰到好处。精讲的原则是少而精、要有针对性地点拨,重在引路的基础上讲深讲透,主要讲重点、难点,指导自学方法和技能技巧。这就改变了过去老师一言堂,填鸭式的教学过程,充分发挥了学生主体性地位。

演练。演练包括复习、巩固、作业、练习、操作、实践、改错、运用、小结等部分,教师侧重验收——检查、批改、评价、总结,观察并记录学生的表现,因材施教进行辅导。演练是学导式教学过程的重要部分,是多渠道、多样化、多层次巩固所学知识、培养技能、深化智能——提升他们的自学、探索、创造能力的重要一环。

学导式课堂"三抓"

惠民中学学导式课堂的建设,重点抓三方面:时间分布,板书,课堂反馈。教师要科学合理分配课堂时间,为课堂留白,我们要求课堂 40 分钟给学生 10—15 分钟。提倡干净课堂,用最简洁的语言把问题讲明白,必须给学生留出自己思考、自己巩固的时间。逼迫教师精练自己的课堂语言,知识是在做中掌握的,能力是在做中提高的。提倡绿色课堂,为课堂瘦身。其次,要给学生问题、事情。教师要准备好学生做的内容、要求、问题,学生先学是在教师先准备的前提下,学生的一切活动之中都有教师的影子在里面。再次,发现问题,及时指导。学生有事做,不是教师没事做,课堂 40 分钟,教师永远是忙碌的,学生练习过程中,好同学基本不要管,用这个时间教师对学习差的学生进行个别辅导、个别检查,关注后 1/3 学生。也可以让好同学帮助差一点的同学。一帮一,一带一。我们要求教师带一支红笔进教室,随做、随批、随改。

二、注重培养学生学习反思习惯

一是引导学生建立反思学习日志。反思是一种习惯和意识,同时也是一种学习方式,只有积极反思,才会不断进步。反思习惯的培养是全方位,多角度,多层次的,只有提高学生的反思毅力,最终才能使其形成反思习惯。为了锻炼学生的反思毅力,要求学生建立反思学习日志,让学生每天记录下自己的学习情况,然后通过日志较系统地实践反思性学习。日志内容包括:当日的学习重点,自己可以解决的难点,知识点之间的内在联系,容易混淆的概念,每章节的学习总结,见解独到的体会或感悟等。反思日志所记录的包括对所学知识的理解,学习体会(即已经做了什么,怎样做的,得出哪些结论,有哪些推广),疑惑(包括遇到的困难,阐明这些困难是否能被克服,怎样克服,如果不能克服,已解决到什么程度,解释不能克服的原因)以及运用知识和推理来获得对某一问题的独到见解,学习方法的调整和掌握,对成败的归因和自我评价,情感体验等。

二是引导学生定期回顾反思日志。通过定期检查回顾这些日志,学生不仅可以看到自己的进步,而且还能看到自己的不足,找出问题所在,进行自我修正,避免再犯同样的错误,不断提高反思能力。反思日志也有利于教师及时了解学生的学习情况、收获与困惑,把握不同学生的个性特征,准确地确定教学起点、深度和广度,更好地实施分层教学,因材施教,提高课堂教学效益。当然写反思日志是一种需要长期坚持的活动,教师不仅要鼓励学生写,还要定期检查,好的给予表扬,不足的给予指导帮助。通过不断地锻炼,学生的反思能力和反思质量一定会得到极大的提高。

强化学生的反思意识,让学生明确没有反思便难以自我纠错及改进提高的道理;明确反思不仅能及时改正错误,还能优化已有认识,提高自身水平。要使学生的反思行为习惯化。有反思习惯的学生,在学习之前、之中、之后会对学习计划、学习过程、学习结果等进行自觉主动的反思。

三、注重培养学生学习反思能力

一是把纠错作为培养学生反思能力的有效手段。培养学生反思能力的方法、途径在教学中,我们可以运用不同的方式,使学生能有效地控制自己的学习过程和思维过程,使反思成为一种可操作的实践行为。比如在平时的作业或考试中,很多学生做错题而失分。受到刺激后都会有一个习惯性的归因过程:错在哪里?为什么错?是由于粗心大意或是没看清题目?因此考完后教师不但要帮学生分析做的题错在什么地方,把知识点深挖、吃透,分析本质原因,还要求学生建立错题集,把做错的原题及改正后的正确答案写到错题集上,有针对性地进行复习,经常对照反思,努力降低错误的复现率。在学生的作业和试卷中,有许多错题,教师在讲评时,如果把正确的解题方法演示一遍,许多学生不会对自己的错误解法进行反思,这就失去了一次对学生进行反思能力培养的机会。教师可以把这些错误罗列出来,然后请学生一一分析,明白错解的原因,找出正确解法的途径。

再如在数理化学科解题教学中,在学生做完一道题后,引导学生进行反思,这不仅是解题的回顾或体验,还是引导学生根据问题的结构特点,通过对解题规律、解题思路、解题途径的反思来进一步揭示化学问题的思维过程。开发学生的解题智慧,引导其掌握规律,形成知识的正迁移,达到举一反三,触类旁通的目的。因此,反思是学生学习过程中必不可少的环节,对提高学生自主学习能力、学会学习有着至关重要的作用。

二是把探究作为培养学生反思能力的有效手段。初中理化生学科是以实验为基础的自然科学,实验是理化生教学的一种最有效手段,它可以帮助学生建立和巩固概念,获得知识、训练方法、培养素质,培养学生的实践能力和创新精神,激发学生学习兴趣和强烈求知欲。

结合学科特点,尽可能地实施实验探究,让学生经历主动参与、合作探究、自觉建构的过程,让学生在合作探究的情境中发现问题并提出猜想与假设、制定计划、设计实验、收集证据、做出解释或得出结论、进行反思与评价,不断强化学生的反思意识。

在探究过程中,理化生教师既要利用实验这一得天独厚的条件,引导学生去观察、感知、探究知识,还要通过探究活动,指导学生进行科学研究的方法,发展学生的思维能力和创造能力。当然探究实验不一定要求每次都成功,对于失败的实验更要引导学生从实验设计、实验方法、实验仪器、药品等整个过程进行反思,从中学习科学方法、科学思维,不断提高探究能力。

三是把构建知识体系作为培养学生反思能力的手段。初中课程时间紧,内容多,只有精选一些具有代表性的、经典的题型或内容,让学生学会举一反三,触类旁通。鼓励学生多归纳,多思考,在反思中学习知识、在反思中理解知识、在反思中掌握知识,使知识系统化、网络化,使学生收到"书越读越薄,概念越学越清,知识越来越精"之成效,全面提高自己的化学科学综合素质。

反思是学习过程中必不可少的环节,对提高学生学习成绩,发展学生能力,特别是提高学生自主学习能力、学会学习有着至关重要的作用。"思之则活,思活则深,思深则透,思透则明,思明则新,思新则进。"学生学会了反思就意味着拥有一位尽职尽责的教师随时随地对自己的学习过程加以指导,从而实现自我教育,提高自己的学习效率和效果。教师要切实加强对反思的认识,让学生在学习中反思,在反思中学习,最终实现掌握知识与形成反思能力的双赢,提高学生学习思维品质,让学生真正成为学习的主人,将课改理念落到实处。

培养学生反思能力"三法"

惠民中学数学教研组在"学导式"教学实践中积累了培养学生反思能力"三法"。

一是通过数学反思性提问,进行听课反思。在学生学习过程中,课后如果新旧知识无法顺利对接,首先反思原来的知识结构是否存在不足或错误,其次反思新学的知识是否正确掌握和应用,再次对新学知识的同化过程中的思维活动进行反思。

二是通过解题,进行解题反思。通过对例题、习题的讲解,引导学生对问题的条件、结论,解题思路,解题方法及问题所涉及的知识点,解题规律等进行反思,提高学习效率,走出题海。第一对问题条件、结论进行反思。第二对解题思路进行反思。第三对解题方法进行反思。第四对解题过程和问题所涉及的知识点进行反思。第五对解题规律进行反思。

三是通过小结建立学习档案,进行自我反思。建立学习档案,是养成良好反思习惯的途径。学习档案的内容包括:学习中存在的问题及产生这些问题的原因;在学习过程中遇到的难题及解决的方法;自己设定的学习目标以及达到的具体结果、未达到的原因和改进措施;容易解错的习题,不会的问题;学习失败的教训;等等。这样反思,才能使学生发现学习中存在的不足与缺陷,有的放矢地修正,调整自己的学习策略,才能帮助他们学会学习。

四是写数学日记,与教师进行反思交流。课堂上教师示范解题的过程中学生自己通过反思想到未与教师交流的问题,作业中对某些习题不同解法的探讨,学习情感、体验的感受,可以通过数学日记的形式记录下来,与教师交流。使师生之间互相交流、促进,共同提高。

第五章

以学评教：学导式教学的张力

  教学是教师与学生的双向活动，教师的对象就是学生，可以讲，学生不仅是教学过程的学习者，同时也是教学过程，教师教学工作最有力的评判者，对教师的教学工作最有发言权的就应该是学生。作为学校管理者必须注意倾听学生的声音。

学导式教学的评价机制可以概括为"以学评教"系统，即以学生的"学"评价教师的"教"。"以学评教"的主体是学生，内容则是通过与学生相关联的学习、生活和成长性评价指向教师和管理工作。"以学评教"简单地说，就是以学生的"学"评价教师的"教"。

古语有云："学则睹己行之所短，教则见己道之所未达。自反，求诸己也；自强，修业不敢倦。"一方面教师的教学能够促进学生各方面能力得到发展，另一方面学生提出的问题，能促进教师不断反思与改进，得到提升。也就是我们常说的教学相长。以学评教，开展学生评价教师的活动是本校教学活动的一大特色，具体有以下几种做法：

一是过程评价，有分析。开展学生问卷，每学期进行学生在校状况问卷和教师课堂教学情况问卷，及时了解学生的学习和教师的教学情况，改进教学。开展学生座谈，每学期召开学生座谈会，听取学生对教学、对学校的意见和建议，改进工作。开展教学月活动，每年3月、5月、9月、11月分别为数学、语文、英语、理化教学月，紧紧围绕教学五环节，围绕教与学两方面开展丰富多彩的教学活动，促进教学工作的开展。

二是结果评价，有反思。建立了"备课组——教研组——教导处""备课组——年级组——学校""学生——班级——年级组"的"三级、三层"教学质量分析体系，通过分析，让每位师生明确定位，查找问题，采取措施，发挥考试最大的辐射效应。

三是评价结果，有奖惩。制定"惠民中学教学质量奖励制度"，对教学成绩优秀、有进步的教师及时进行奖励。

学生的评价反馈有利于教师及时进行教学反思，发现自己存在的不足，不断弥补在专业知识上的不足；同时根据学生的反馈，及时做出教学调整，从学生的实际学习情况出发，制定有针对性的教学策略，形成师生互动以及师生互助的良性循环。本章主要从"以学评教"的层面出发，对近几年来学校所做的探索进行总结与反思，以期在反思中不断进步。

第一节 问卷：学习者的视角

学导式教学的评价是基于"以学评教"来构建的，旨在"让学习发生在学生身上"。它是以学生的学习态度、学习状态、学习情感、课堂幸福指数、成长轨迹等作为判断课堂价值的依据。尤其是课堂幸福指数，它要考量学生个体和群体之间的存在状态。按照马斯洛的需求理论和加德纳的多元智能理论，从关注知识到关注能力、关注永续发展，从关注个体的发展到满足团队的发展需求，从关注达标率到关注情绪、情感和精神，从要求承担到关注担当，从关注教导式管理模式到关注自主成长模式。任何有意义的成长都必须基于自主、信任、尊重。

一、未雨绸缪，发现问题

毛泽东曾经说过，没有调查就没有发言权。这在教师的教学活动中，也是普遍适用的。在教学活动中，学生是学习的主人，要充分发挥学生的主体性作用，引导学生积极参与到教学活动中来，并在课后师生及时进行反馈交流，才能达到教学相长的目的。要想充分激发学生的学习兴趣，就不能故步自封，首先要真正了解学生，了解他们喜欢什么样的课堂，喜欢怎样的上课方式。

学生不仅是教学活动的参与者，更是教学活动的评价者。学生将参与课堂中的真实感受及时反馈给教师，有利于教师不断改进课堂教学。古语有云：居安思危，思则有备，有备无患。通过调查问卷的形式对学生课堂满意度的调查，能及时反映出教师在课堂教学中存在的问题，为教师的教学反思奠定了基础。并有利于教师根据学生对课堂教学的实际反馈情况，做出进一步的教学调整。

二、谋而后定，解决问题

在了解了课堂教学中存在的问题后，教师就可以有的放矢，针对不同的问题进行教学方式方法的改进，以期达到提高课堂效率的目的。爱因斯坦曾经说过，独立思考和独立判断的一般能力,应当始终放在首位。而我们的教学活动归根到底也都是围绕着不断提升学生的思想品质,促进学生全面发展而展开的。在及时了解学生评价反馈的基础上,有针对性地改进教学,是教师,尤其是青年教师提高教学水平的一条有效的捷径。

教师学导式教学手记

尊重学生的主体地位

学生是学习的主人,新学期的第一课要让学生参与到教师的学期教学计划中来,也就是说,学生有教学课题的选择和推荐权。(1)通过问卷调查的方式,让学生选出本学期教材上感兴趣的课题;写出在本学期希望能学习到哪些美术相关知识和内容。(2)由学生对本学期课题进行举手表决并统计,将结果写在黑板上。我们不难发现学生所选的课题内容非常时代化、生活化,是学生的日常生活中最感兴趣的内容。(3)全班学生自由组合 4—5 人为单位的小组,并在组内推选一名组长。(4)经过小组讨论从统计的课题中选择他们小组感兴趣的课题。(5)在上课之前提供课题资料,如:图片、视频、音乐背景等。

有了明确的、学生感兴趣的教学内容,每个小组就在组长的带领下收集教学资料、制作课件、设计教学方案。在此期间如遇到问题就及时与教师沟通,教师给予辅导。以下将结合我的教学案例"我的美术课我做主"来阐述。

我的公开课的课题是由学生自己拟定的"志在四方——名片的欣赏与设计",四位小组成员在十一假期里一起定思路、分任务、找资料、做课件。在备课过程中,他们投入了极大的热情,态度也非常认真,对所授课的内容反复斟酌,勤于求教,反复试讲,力求将知识讲解得深入浅出、生动透彻。由于是他们感兴趣的、受关注的课题内容,所以学生很快就能提供平时收集的名片资料,在教学活动设计方面也集思广益,想创意、拍视频、一步步完善课件。我们在空教室内试讲，放学后又提出建议，加以改进。在教师的悉心指导与鼓励下，他们充满信心地上了讲台。

当然，具体"参与度"的把握由学生的能力、课题的难易程度等情况而定。对于"参与式教学"来说，第一次走上讲台的成败对他们而言具有极为重要的意义。虽然在他们看来自己已是"小大人"，能够承担教学的重任，但受年龄与阅历、能力与认知水平的限制，无论是心理上还是教学能力上依然稚嫩。但对于教学的每一个环节都有参与，这节课对他们今后的影响必将是深远的，因为他们经历过。

在课堂教学活动实施中，教师的大胆放手，学生的积极参与，使学生的美术课由学生自己做主，充分调动了学生学习的积极性与主动性，他们也在这种信任与荣耀中获得巨大的成就感。

在"参与式教学方式"课堂教学中，改变了传统的由教师总结评价的常规，而是采用多种评价的方式。如：学生自我评价、同学相互评价等。学生成为了教学活动的评价者。在评价中，不仅加深了学生对教学知识的理解，还能逐步提高学生的自我意识程度，使他们学会自我反省、自我比较、自我检测。

传统的教学几乎都是按照教师的预设进行的，它追求计划性和完整性，这有利于使我们的教学任务顺利完成。然而这种教学太过平淡，长此以往很容易使教师和学生失去新鲜感，课堂也容易失去活力，师生对课堂不再有期待，那就不会有所创新。而"以学定教"的教学模式会为我们的课堂带来生成的精彩，有时还会给我们带来意外的惊喜。我们重视预设，我们更憧憬生成。

在新的课程改革理念中，教师的角色一定要转变，要变演员型教师为导演型教师，而大部分教师认为这种角色的转变就是观念的转变，但我却认为这一角色的转变还不仅仅是教师观念的转变。当然，观念转变是前提，可教师专业素质的提高才是保证。大部分教师已适应传统教学，面对原有的教学方式教师能应对得得心应手，可当新课程来临，在转变教学方式后的课堂实践中，教师却看不见很好的效果。所以在实践失败后自己的观念也开始动摇，甚至对课程改革产生了怀疑态度。我经过尝试和实践后才知道，自身的专业化水平不提高，就无法真正实现这一转变，当然就得不到课堂的高效。因此，教师必须在转变观念的同时，注重自身专业素质的提升。而我认为"以学定教"的课堂教学实践，是锻炼教师的好途径、好方法，它会给教师的课堂教学带来全新挑战，也会为教学带来新的乐趣和生机。

学生感言："老师上课很新颖，其中印象最深的是上名片那一节课，因为大家在课前准备得很认真，很努力。当看到大家都在开心地设计名片时，我觉得我们付出的都值得了。""印象深刻的是名片那节课，因为让我们知道数学的知识也可以在美术课上运用。""制作自己的名片那节课印象深刻，你给我们看了学生们自己拍摄制作的 VCR，以前从来没有老师用这样的方法给我们上课，我觉得好新颖哦！"

——摘自张馨《"我的美术课我做主"课堂教学实践探究》

三、总结反思，持续改进

于漪老师曾经说过："我不断地反思，我一辈子上的课，有多少是上在黑板上的，有多少是教到学生心中的。"我们这位从教六十八载，从一线课堂成长起来的"人民教育家"尚且如此谦虚，更何况我们工作经验并不丰富的青年教师呢？只有不断地总结反思，才会有持续的改进。在学校组织的青年教师基本功大赛中，每位参赛教师都根据学生和听课教师的反馈进行认真反思，积累经验。

探索教学的过程并不是一蹴而就的，它需要长期的积累。当出现"拦路虎"的时候，要勇敢地迎接挑战。正如毛泽东所说，世上无难事，只要肯登攀。当你相信你做的是对的，你就会朝着这个方向努力而不愿意浪费一分一秒，所有辛勤的付出必将迎来收获的喜悦。

画 三 角 形

[主题与背景]

"画三角形"是沪教版七下《数学》第十四章第三节第二课时的学习内容,是在学生已经掌握了全等三角形的概念及性质的铺垫下展开的教学内容。画三角形这一节是为了下一节全等三角形判定的学习奠定的基础,展示了"操作实验——归纳猜想——说理证实"的数学研究过程。在这里先有学生的"画",再有学生的"话",它们与接下来学习全等三角形的判定有什么关系呢?实际上这是一个让学生在做中学数学的实践过程。力求通过学生的画,引导学生说话,为接下来学习全等三角形做好铺垫。这节课要求我们引导学生能够正确地根据已知条件画出三角形,大部分学生根据条件画一个三角形(静态的结果)并不难,而真正的难点是在画三角形中(动态的过程),怎么样通过一些细节真正地学会画出正确的全等三角形。比如说画已知角,角的两边是射线,在射线上截取线段的长等于已知线段的长,找到三角形的另一个顶点。如果学生在画已知角的两边画的是线段,这就与角的定义产生了冲突。数学的学习是个严谨的学习过程,对以后的几何作图学习也会产生不利的影响,对接下来的全等三角形的判定也会只停留在表面,不可能深入地理解"ASA、AAS、SAS 、SSS",这就导致学生在以后证明两个三角形全等时经常会出现"ASS 或 SSA"。因此,面对教材安排的画三角形活动,我们该如何用画三角形,去促进学生理解知识,巩固知识,深化知识呢?这是一个"画中有话"的研读与实践过程。

[情境与说明]

课始,教师结合教材内容,巩固复习了构成三角形的六个元素,以及角的对边、边的对角,通过复习知道三角形中角的对边、边的对角概念。边的对角是学生第一次接触,可能会遇到困难,教师在这时候需要给予提示,∠A 所对的边是 BC,同样边 BC 所对的角就是∠A,为本节课总结做好铺垫。在第一次试讲时,没有加边的对角,学生在自主总结的时候就会遇到困难,所以陈芳老师建议我在第二次上课的时候加上这个概念。

接着教师提问:"给定一个三角形,这个三角形的边长和角的大小就完全确定了。反过来,要完全确定一个三角形的形状和大小,需要给定这个三角形的几个元素?"学生猜测:一个元素?两个元素?三个元素?此时,不必追问为什么,如果追问为什么,反倒会把学生问得不知所措。接着教师补充:"这只是我们的猜测,所以还需要经过验证。"让学生感受数学学习过程是猜测——验证——归纳——总结,体验数学中分类讨论思想,为接下来学习画三角形埋下伏笔。

当将给定的条件分类好后,

1. 讨论一个元素时,针对学生思考问题不够全面的特点,教师可以在学生归纳的基础上补充些反例,用手中的三角板作为教具,能更形象深刻地说明给定一个元素不能确定一个三角形。

2. 讨论两个元素时,学生就可以参照一个元素说出两个元素有几种情况了。同时让学生分组画这几种情况的两个三角形,同桌之间互相比较画的三角形大小和形状是否一致。学生通过观察发现他们画的三角形都是不一致的,和他们心中的猜想产生了矛盾,但是为什么会是这样的结果?此时教师就需要借助几何画板的动态演示形象直观地说明"为什么"。此时学生才会恍然大悟,原来如此,这样才能激起学生学习这节课的兴趣。

3. 讨论三个元素时,有两个元素的引导,学生很容易地将三个元素的四种情况罗列出来,此时,教师再来点拨一下两个角与三个角有什么区别,好的学生可能就会想到"利用三角形的内角和等于 180°",三个角的情况实质就是两个角。第一次的教学,我是想将三个角的情况归到两个元素的情况中,在李老师的建议下,三个角还是三个元素,不可以归到两个元素中,对以后九年级学习相似三角形不利,所以在第二次上课时,我又把它划归到三个元素中来。

接着让学生开始尝试着利用给出的三个已知条件来画三角形，首先让学生思考、尝试画三角形，教师在学生的基础上规范画法，接着再带领学生一起画三角形。此时，是学生第二次画三角形，在第一次随意画三角形的基础上，学生已经领悟了根据给定已知条件正确画三角形的方法。两次画三角形的探索实践活动，不但让学生有了充分感受数学问题的过程，而且有了思辨、理解问题本质意义的时空。

本课的教学目标之一是"通过讨论已知哪些元素能够确定一个三角形，探究确定一个三角形需要的条件，初步感知判定两个三角形全等的条件"，此处的"感知"是指理解判定两个三角形全等的条件。显然"感知"与"知道"是两个不同层次的词。"知道"表示了解的程度，能根据对象的特征，从具体情境中辨认或举反例说明。"感知"表示理解的程度，即能描述对象的特征和由来，阐述此对象与相关对象之间的区别和联系。从学生第一次根据已知条件画三角形，同桌之间进行叠合三角形，发现这两个三角形是重合的，我们可以看出学生是知道这两个三角形是可以重合的，但是对于怎么说"已知两角及其夹边，可以唯一确定一个三角形"则是心中有话说不清楚，说明学生对两个三角形全等需要的条件还未真正地认识。因此，此时特别需要有一些学生的外显行为来说明或检测学生是否真正地感知判定两个三角形全等的条件。学生的"再画"和"再说"三角形的活动就成为了一个较好的测评载体和手段。如果学生不仅能画，还能画后有话，那这样的教学真的帮助学生完成了从"认"到"认识"的发展过程，实现了从直观认识到在比较抽象的水平中感知判定两个三角形全等所需的条件。

接着将两角及其夹边再进行改变，变成了两角及其对边，教师可以让学生先动手画起来，在画的过程中，可能会遇到困难。此时，让同桌之间进行讨论，如果讨论不出来，教师可以引导学生将未知的问题转化为已知的，将未知的转化为我们熟悉的，反应灵敏的学生就会想到利用"三角形内角和等于180°"可以将这种情况转化成"两边及其夹角"的情况。

"做""说"都是学习数学的重要方式,在学习画几何图形的教学中,教师要善于把学生的"做"与"说"有机结合起来。本课教学中巧妙安排了一系列有关"画"与"话"的活动。学生的动手画图、同桌合作交流、动手叠合、讨论所发现问题之"话",不仅能帮助他们深刻认识到给定"两边一角"所画的三角形能够完全重合,还促使他们想到还可以借助再画"两角一边",再叠合两个三角形,判断是否可以完全重合。当他们画"两边及其对角"时,此时就与他们心中的预想产生了冲突,同桌之间所画的三角形叠合可能无法完全重合。为下一节课学习全等三角形的四个判定作了充分的准备,这样的活动既较好地帮助学生初步认识全等三角形的判定,又培养了学生言之有理、言之有据的良好思维习惯。

[讨论与反思]

　　在这节课的学习活动中,学生更愿意自己去经历、去实践。相信自己看到的、经历的事,这就是一种体验。三角形本身是一个抽象的概念,三角形的全等是在抽象概念的基础上探究出来的,有必要让学生经历动手操作得出的全部过程。

　　本节课以提出问题——实践操作——归纳总结为主线,得出能够确定一个三角形的条件。课堂上让学生带着问题去思考,去实践,激发他们的求知欲,在自主与合作中学习新的知识,尤其是让学生通过"叠合法"判断根据已知条件所画三角形是否能够重合,给学生留下了深刻的印象,为以后学习全等三角形的判定打下基础。

　　学生是学习的主体,这种主体性,是不可替代的自主行为,必须由他们亲自参与和直接体验。教师的责任在于提供各种学习条件,给予点拨、激励,唤起他们发自内心的学习愿望,使他们从"要我学"的被动状态转到"我想学"的主动状态,引他们"入景入情",让他们以最佳的学习心理去获取知识,求得快乐。

　　本节课完全以学生为主体,让学生在不断地操作和探究的过程中,自己发现问题、解决问题、归纳结论,经历这样的过程后,学生会对确定一个三角形的条件有较为深刻的理解。尤其是"两边及其对角"的情况，学生只有自己动手操作了才会真正领会。本节课每个阶段的小结以及课堂小结都由同学们自主进行，培养了同学们的总结归纳能力，同学们通过总结逐步知道确定一个三角形的条件。

——摘自高婷《画三角形，画中有"话"》

第二节 观课：从学习的角度看

教学是由备课、上课、作业、辅导、反馈等环节组成的一个过程,其中上课是核心的环节,上课的质量直接决定着整个教学过程的质量。因此,提高教师的课堂教学能力和水平,对于提升整个教学过程的质量起着非常重要的作用。也正因如此,有效课堂、高效课堂成了教师努力追求的目标。教师是课堂的主导,课堂教学的设计者、课堂教学的引导者、学生参与热情的调动者、学生解决学习困难的帮助者,因此,课堂是否有效,能否高效,关键在教师,在于教师的课堂教学水平。教师课堂教学水平的高低除了靠教师自己的努力探索以外,教师之间通过听课、评课,及时听取教师的意见和建议,相互学习、相互借鉴,从而改进自己的教学,也是提高课堂教学水平必不可少的重要方式。因此,目前各校普遍重视教师之间的听课活动的开展,经常性地进行各类听课、评课活动,使它们贯穿教学管理过程的始终。

一、改进听课反馈方式

听课评价量表反馈给教师的是一个定量的分数,看到的是教师之间的排名,至于为什么会产生这样的排名是看不出的,这对于教师改进教学是没有作用的,教师从中学不到东西,不能了解自己课堂教学的优点和不足,更不知道自己课堂教学改进的方向,对改进课堂教学是无意义的。根据本校教学活动的实际情况,我们对听课反馈方式进行了改革,采用新的教师听课反馈表方式。

改进后的听课反馈表使授课教师及时了解自己课堂教学的情况,及时改进,提高了改进课堂教学的即时效果。同时,它也有利于听课者和授课者之间真诚、实事求是地交流。授课教师更能从听课教师那里听到大家对自己本节课的真实看法,和自己本节课的真实状况,更有利于改进。

二、提高听课评课能力

俗话说得好，众人拾柴火焰高。一个人的力量总是有限的，通过教师之间的互相听课，同伴互助，能帮助授课教师及时发现自己在教学中容易忽略的问题，从而有助于授课教师的反思与总结，提高教师的教学水平。但是，必须要注意的一点就是：在听课与评课时，并不是让这项活动流于形式，满足于完成任务，而是要通过听课教师的认真听课与评课，给授课老师以及时的反馈，授课老师在听取意见后，能在教学中有所改进与调整。在这个过程中，听课老师与授课老师双方都能得到不同程度的提高。一举两得，何乐而不为呢？

（一）在听课中学

教师在听课时，要本着学习的态度，认真关注授课教师的教学活动和学生的学习活动，注意观察课堂上授课教师与学生之间的互动交流。要善于捕捉课堂上的闪光点，并思考是否可以运用到自己的课堂中去。在发现课堂上存在的问题时，应及时反馈给授课教师。同伴互助，共同提高。

（二）在评课中悟

听课教师的意见直接给授课教师，这样听课教师没有了因集体讨论给授课教师留"面子"的担心，可以开诚布公、毫无保留地表达自己的看法，授课教师更能从听课教师那里听到大家对自己本节课的真实看法，和自己在本节课中的真实状况，也更有利于改进。同时，在评课的过程中，授课教师和评课教师展开思维的碰撞，创生智慧的火花，也是一个不断提升专业能力的过程。

（三）在听课中思

在听取了听课教师的及时反馈后，授课教师要进行认真反思。古语有云：学而不思则罔，思而不学则殆。钻研反思与上课实践要结合在一起才能促进教师教学水平的不断提升。

惠民中学教师课堂教学评价反馈表

上课时间　　　　上课教师　　　　上课班级　　　　评价人

评价指标	评价内容	具体事项	（每项 0 到 10 分）
教学内容	1. 质量	1. 内容的正确性	
		2. 内容讲解的透彻度	
		3. 难点的处理	
		4. 重点的处理	
		5. 层次和结构	
	2. 容量	6. 容量的大小	
		7. 容量和难度的处理	
		8. 容量与反馈的处理	
	3. 应用性	9. 教学内容的实践性及课堂效果	
教学艺术	4. 教学组织	10. 教学组织过程	
		11. 组织形式与教学内容的适度性	
	5. 教学方法	12. 调动学生积极性以及参与度的情况	
		13. 师生活动的时间分配	
		14. 学习方法指导	
	6. 教学手段	15. 多媒体的适度利用	
		16. 课堂反馈、评价的针对性	
	7. 教学基本功	17. 语言、板书	
		18. 教态、仪表	
教学准备	8. 备课质量	19. 内容熟练程度	
		20. 课前准备情况	
	9. 教书育人	21. 适时思想教育	
		22. 对学习习惯、规范性的培养	
总分			
课堂亮点		课堂不足及改进意见	

在学导式教学实践中,运用听课反馈表取得了较好的效果。

一是"听课反馈表"的试行使授课教师及时了解自己课堂教学的情况,能及时改进,提高了改进课堂教学的即时效果。听课教师在听课过程中产生一些非常好的建议和意见,有一种一吐为快的冲动,如果等到统一教研活动时,恐怕就没有了这种激情。良好的建议随着激情的消磨而烟消云散了,通过听课反馈表,听课教师对授课教师的课堂意见和建议听课结束后马上可以反馈给授课教师,授课教师可以趁热打铁,对照大家的意见马上对自己的课堂教学有一个反思,印象更深,效果更好,使听课和反思真正成了课堂的延续,对改进教师的课堂教学是非常有帮助的,可以讲是捉住了交流反馈的最佳时机。

二是"听课反馈表"有利于听课者和授课者之间真诚、实事求是地交流。反馈不是评课,更不是判断课的好坏,而是就课论课,这样听课教师也更容易讲真话,讲实话,听课教师的意见直接给授课教师,这样听课教师没有了因集体讨论给授课教师留"面子"的担心,可以开诚布公、毫无保留地表达自己的看法,授课教师更能从听课教师那里听到大家对自己本节课的真实看法,和自己本节课的真实状况,也更有利于改进。

三是"听课反馈表"促使听课教师认真听讲。以往我们也发现,各校基本都会对教师之间相互听课有明确要求,为了完成听课任务,听课教师的基本状态是人在听课,心在备课(备自己的课),把听课看成是完成学校任务的要求,很难静下心来,深入进去,很难发现问题,当然也就很难给授课教师提出合理化的改进意见和建议。试行听课反馈表制度后,听课教师为了认真完成听课反馈表,必须认真听课,这样一是可以让自己真正在听课中学习别人的优点,二是也可以在听课中发现别人的问题,相互借鉴,从而共同提高。

教师观课议课手记

气体制备与收集

[主题与背景]

初三化学专题复习课,旨在巩固旧知,拓展新知,在已有知识的基础上构建知识网络框架,从而提升学生综合应用知识的能力。"气体制备与收集"是初三复习课中的关键一课,目标为使学生构建起气体制备与收集的一般思路。本次授课对象为惠民中学九年级学生,学生已经进入了冲刺阶段,已经拥有了较为完整的知识体系,对于气体制备的发生装置、收集装置等都有了一定的理解。但是,缺少知识与方法的总结整合,会忽视诸多问题,例如多功能瓶的进气口问题、压强问题等。因此,希望利用这次课让学生建立起知识与方法之间的逻辑关系,总结方法,通过证据推理与模型认知,建立起解决复杂化学问题的思维框架。

此次教学设计,是"问题链的设计对问题解决与知识建构"的一次实践,同时以图像教学手段为学习过程提供有效支撑。根据学生的学情与本节知识的内容在教学中的地位,本设计要突出的重点是理解知识建构过程与方法总结之间的逻辑关系,要突破的难点是理解知识建构过程与方法总结之间的逻辑关系,理解多功能瓶的多种作用。

[情境与说明]

【环节一】发生装置如何选择?(教学手段:白板绘制化学反应装置图)

知识层次的问题链	思维层次的问题链
问题1:实验室制备氧气与二氧化碳的反应原理是什么?(用化学方程式表示) 问题2:根据反应原理,如何确定发生装置?(为氯酸钾制氧气搭建发生装置) 问题3:这样搭建的依据是什么? 问题4:为双氧水制氧气与二氧化碳的制备画出发生装置。 问题5:启普发生器的反应原理是什么?	问题1:从化学方程式中可以读出哪些信息? 问题2:这类装置还适用于哪些反应? 问题3:比较同学们所画的这五种不同的发生装置,有什么不同? 问题4:如何随时控制反应的发生和停止?

分析评价:通过前边学生的练习,教师发现许多同学绘制的装置图的细节出现问题,说明学生对于实验装置的理解不完全清晰。为此,本环节把装置的改进、优化、演变作为学习知识的生长点。设计的问题链:怎样选;为什么这样选;还有什么可以选。让学生在一步步引导动手搭建装置的过程中自己总结选择的依据,装置也逐步实现从简单到复杂的演变,通过各种装置功能的不同,让学生感悟可以根据自己的需求选择适合的装置。

【环节二】收集装置如何选择?(教学手段:微课与演示实验结合)

知识层次的问题链	思维层次的问题链
问题1:收集装置如何选择? 问题2:选择依据是什么? 问题3:常见的收集装置有几种类型? 问题4:通过微课视频,用下列四种装置收集氧气,标出进气方法,写出验满方法。 问题5:排水集气法,最常规的装置是水槽,在实验时的注意事项是什么? 问题6:用多功能瓶排水法收集氧气,从哪端进气? 问题7:如何定量测定收集到的气体的体积?连接量筒的作用是什么?	问题1:分析装置,观察哪边带火星的木条先复燃,并解释其原因。 问题2:观察演示实验,将正确与错误的方法进行对比,总结多功能瓶排水法收集气体哪端进气,哪端出水。 问题3:下面哪个集气瓶可以收集到我们呼出的气体? 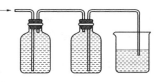 问题4:无论是排空气法还是排水法,均能将空气或者水排出去的原因是什么?

分析评价:依据发生装置选择的依据,学生很容易过渡到选择收集装置应考虑生成物的性质,根据生成物的哪些性质来设计收集装置,学生往往说不完整,因此,本环节重在让学生感受生成物的哪些性质对收集装置的形式产生何种影响,以及梳理多种形式的收集装置在使用过程中的注意事项,让学生在掌握基础知识的同时明白收集装置选择的意义。同时通过实际问题拓展应用,加强学生对知识的巩固理解。设计的问题链:由知识层次的逐步深化和细化,到思维层次的运用,逐步交叉,彼此促进,增强学生积极思考、主动参与意识,提高课堂效率。

【环节三】除杂装置如何选择?(教学手段:白板搭建)

知识层次的问题链	思维层次的问题链
问题1:以二氧化碳的制取为例,可能的杂质有哪些? 问题2:每种杂质如何除尽? 问题3:除杂的先后顺序是怎样的?为什么? 问题4:如何搭建装置将杂质除尽? 问题5:总结除杂过程的一般思路。	问题1:前面是从定性的角度将杂质除尽,如何定量测定反应生成的二氧化碳的质量?利用所给仪器,设计实验定量测定生成的二氧化碳的质量。

分析评价:除杂问题一直是复习阶段的难点,本环节设计的问题链:杂质是什么?每种杂质单独如何除?杂质混合如何除?如何搭建除杂

装置？对于混合除杂的装置连接是初中化学教学中的一个难点,有些学生不知道如何搭建气体除杂装置,为了帮助学生真正理解装置连接的原理,把大的难点分解成小的难点,指导学生逐步攻克,通过降低教学难点,取得较好的教学效果。

当学生理清楚除杂过程的一般思路时,又提出另一个大的难点,即定量测定生成的二氧化碳的质量。让学生感受定性研究与定量研究之间的关系,感受定性是定量研究的基础和前提,定量是定性研究的进一步深化。学生在定量研究中,巩固前面所构建的定性研究的方法,同时又进行了一次升华。在经历一个综合——分解——综合的过程后,学生的知识结构会更加完整。

【环节四】化学多米诺实验(教学手段:白板)

利用前三个环节建构的气体制备的一般过程,用锌粒与稀硫酸反应制备氢气,描述制备的步骤并利用生成的氢气进行化学多米诺实验。

知识层次的问题链	思维层次的问题链
问题1:实验开始前必须进行的操作是:_____。	问题1:总结下列不同形式的多功能瓶的作用,并解释原因。
问题2:观察并描述下列装置反应的现象。	

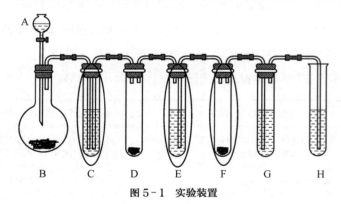

图5-1　实验装置

分析评价:多功能瓶的使用是诸多学生学习过程中的难点,多功能瓶的形式很多,但是原理是一样的,多数学生会因表面多变的形式而感到惧怕,因此一直是学生望而却步的知识点,本环节一方面复习气体制备的一般步骤,另一方面总结不同形式的多功能瓶的多种作用,让学生真正理解其原理。同时化学多米诺实验充满着趣味性,在最后环节的出现仍然吸引着众多学生的兴趣,为40分钟的课堂提供了欢乐的元素。

【讨论与反思】

以上的教案是经过修改之后的,在修改之初有关于气密性检查的知识,在除杂部分没有定量测定二氧化碳的质量。

最初,老师们听课之后给了几点建议:

1. 内容对于复习课来说有点简单,难度要加深。

2. 装置的气密性这块可以不要,这块内容放在这里有点突兀。

3. 微课的制作有点凌乱,只要把典型多功能瓶的原理讲清楚,学会理解透了就会变形,无需将多种形式均制作出来,学生同时看几种会感到凌乱。

教案设计经过了反复的修改与推敲之后:

1. 用关键的问题演绎科学的思想方法

本节复习课采用模块化教学,通过问题设计的模块化,"发生装置——收集装置——除杂装置——拓展应用",隐含知识线,多功能瓶。整节课层次清晰,因果关系清晰,逐步展开问题的探究。同时为学生创造了一种轻松、合作的学习氛围,在小组讨论过程中,各抒己见,逐步完善实验方案,充分体现以学生为主体的教学。通过改进问题链的设计与整体框架结构的调整,我不断地感受到备课的重要性,教师要考虑知识本身的体系,也要考虑学生认知发展的能力,同时问题的设计是至关重要的一环,通过设计较好的问题链,构建知识链,可以达到启迪学生思维的目的。

起初,问题设计比较琐碎,主要是问是什么,在反复推敲思考修改后,将是什么的问题尽可能减少,将为什么、还有什么作为主要问题。同时梳理问题的层次和逻辑,将问题聚焦,这样有利于学生思维品质的发展。

2. 合理适当地利用微课等现代技术优化课堂教学

微课对于难点问题的突破提供了很大帮助,课下的实验可以随时放在课堂上播放,克服了有些实验无法课上完成的困难,大大提高了课堂的教学效率。但是微课的制作一定要言简意赅,简明扼要,突破难点。

——摘自冯清《问题链——知识链——思维链》

第三节　检测：从命题到质量分析

想了解在教师的积极引导下，学生是否真的能掌握所学知识，就需要进行质量检测与质量分析。通过检测能及时发现学生哪些知识点掌握得好，哪些知识点还容易出错，从而查缺补漏，制定相应的教学策略。

一、检测预习情况

教师在备课时可以事先根据预习中学生可能遇到的困难拟定讨论题或思考题，要求各组学生集中思考，敢于质疑，分析判断，寻找合适的答案。

（一）"预习单"的检测和反馈

"预习单"是引导学生课前自学的一种途径，编制预习单要将着眼点放在"导学"功能的挖掘上。"预习单"是在教师深入研究教材和教学重点难点内容的基础上编写的，这就要求老师在课堂授课之前，既要备好教案，又要备好预习单。也就是说要求教师既要站在教学的角度，对教材进行必要的理解、消化和处理，又要站在学生学习的角度，针对每堂课要学习的内容编写预习单。以预习单为导航，让学生在课前对将要学习的内容进行自主学习，然后带着自学中生成的问题进入课堂，探讨交流，带着思考和问题听课，在课堂中解决问题，从而提高学生的课堂学习效率。

预习单的设计要求教师充分注重和了解学生知识结构和思维的层次性，从而达到激发学生积极思维的目的。美国心理学家布鲁纳认为任何学科都有一个基本结构和内在规律，并主张对不同等级、不同能力的学生使用的学科教材的编写，要注意知识的"阶梯性"。因此，预习单设计的关键之处在于是否符合学生实际，也就是说预习内容要难易适中，难度是学生通过努力能够跨越，是要跳一跳才能摘到的果实。预习单也要有梯度，内容既要紧扣教学目标和重难点，又要富有启发性，要根据学生的知识水平、潜在水平和表现水平，要求以领会知识和运用知识为前提，具有一定的坡度和思考价值。

教师在"预习单"中提出预习的目标、内容、方法、速度和应达到的要求,学生在"预习单"的引导下先进行独立思考和自主学习,教师可指导学生查字典或查阅教学参考书,培养学生通过多种渠道获取和筛选信息的能力,或者对学生预习的方法进行适当的指导,让学生在"预习单"的引导下"先行一步",促进"我要学"。

(二)利用多媒体技术检测预习

随着信息技术的发展,越来越多的网络信息技术走进了课堂教学,教师在掌握了更多的信息技术之后,能利用它有效地辅助教学,从而不断提高课堂效率。通过对预习情况的检测,可以使教师及时了解学生的预习情况和掌握知识的程度。

学导式预习单设计手记

初中英语词汇教学 Period Two (afford-along)

Part 1   课前预习:

朗读并熟记"我"要预习的单词和词组:afford, aims, go ahead, alarm, against, airlines, after all, in all , agent。

Part 2   情境感悟:

理解并运用"我"预习的单词和词组

I. Complete the sentences with the words or phrases .

1. I set the _____ clock for 7 o'clock.

2. The program _____ to raise money for children with special needs.

3. — May I use the PPt, Mr Ward? — Sure. Please _____ .

II. Complete the sentences. The first word has been given.

1. He is lucky to be a _____ after fireworks accident.

2. He started playing the piano at an early a _____ .

3. Go straight a _____ and take the footbridge at the traffic lights.

孟 子 三 章

1. 下列各项对文章内容的理解与分析不正确的一项是(　　)

A. 景春心目中的大丈夫,是像公孙衍、张仪那样的位高权重,令人望而生畏的当权者。

B. "大丈夫之道"表现为"富贵不能淫,贫贱不能移,威武不能屈",其本质是对内心的仁义礼的坚守。

C. 孟子认为,真正的大丈夫应该能够身居高位,实现自己的政治理想。

D. "得志,与民由之;不得志,独行其道"通俗讲就是:在其位,就和民众一起努力;不在其位,就独自努力。

2. 下列加点词意思相同的一项是(　　)

A. 国恒亡/身亡所寄　　　　　　B. 劳其筋骨/无案牍之劳形

C. 曾益其所不能/荡胸生曾云　　D. 百里奚举于市/愿为市鞍马

3. 下面对文章的分析,不正确的一项是(　　)

A. 文章第一自然段列举古代贤士的事例,说明有成就的人必先经历苦难的磨炼。

B. 文章第二自然段先提出中心论点,再论述一个国家如果没有忧患意识将导致灭亡。

C. 从文章可以看出,"困于心,衡于虑,而后作"是造就人才的主观因素。

D. 文章善用排比,而且句式灵活,既增添了气势,也给人以美感。

4. 下列各句中加点的"之"与例句中"之"的用法相同的一项是(　　)

例句:女子之嫁也

A. 悍吏之来吾乡(《捕蛇者说》)

B. 至之市而忘操之(《郑人买履》)

C. 公与之乘,战于长勺(《曹刿论战》)

D. 如使人之所欲莫甚于生(《鱼我所欲也》)

二、检测课堂学习效果

教师在教学过程中可以通过课堂提问或限时答题进行随堂即时检测，对学生的上课效率进行及时了解，能及时发现当堂课讲过的知识点学生是否已经理解消化，也可以通过课堂进行单元或专题检测。

教师学导式教学手记

Unit 6　France is calling

一、设计实施

本课是一节阅读课，对于初二的学生来说，阅读是英语学习中十分重要的一部分，阅读的技能关系到学生语言的组织和写作能力。在初中阶段，对于学生的阅读要求在于能够从文中快速找到关键句和关键信息，通过上下文猜测词义，通过一些形容词猜测作者内心情感以及根据字里行间理解作者的意图。因此为了让学生更好地掌握阅读技巧和能够正确判断文章重要信息，本节课采用了问题链的形式进行由简到难，由浅到深的教学。

创设问题链

为了突出本课的重点与难点，我一共设计了四个环节，引入话题环节，读前的自由表达环节，读中的阅读回答问题环节以及最后的输出环节：通过关键词，从一方面入手介绍法国。

环节一主要的目的在于引入话题，活跃课堂气氛。本课的阅读材料属于旅游话题，主要介绍了法国的风土人情，因此在读前环节让学生说说自己的暑假旅游计划，既贴近学生日常生活，又能够打开学生的思路，还能够引入课文，让学生明确这堂课的话题。在此环节中，教师可以将问题分解，例如提问学生想去的地方，去那里的原因以及会去做什么。这些问题需提问不同的学生，做到让大多数的学生能够有机会表达，并且不会占用太多的时间。学生通过此环节,打开了自己的思路,并且增强了他们表达自己的愿望。

环节二是读前环节。目的在于通过读图和标题引入课文,先让学生猜测课文的大致内容,并推测出标题的意思。这个环节旨在培养学生预测课文内容的能力,并且让学生理解标题的重要性,为之后更好地理解课文内容做铺垫。环节一和环节二不需占用太多时间,大约在 6—7 分钟。

环节三是本课的重点环节,也就是教师帮助学生一起阅读这篇介绍法国的文章,使学生能够准确找到介绍地点的关键词,并且能从字里行间中理解文章的深层含义。在这个环节中,我采用了问题链的形式。在阅读教学中,我们并不是简单地解决字面上的意思,也不是仅仅关注于表面的问题,而是应该有效利用问题链,激发学生的阅读兴趣,挖掘文本深层含义,从而达到情感教育的目的。问题链的提问难度和形式也很重要,后一个问题应该是前一个问题的升华,环环相扣,使课堂像一个故事一样串联起来。在这个环节,教师应该有效引导,如果一个问题学生无法回答,应该换一种问法,或者将一个问题分解成两个,给学生一个梯度,并且在提问时应该根据学生的问题适当追问,这样能够有效拓宽学生的思维,帮助学生更好地理解文章的写作意图和情感。

环节四是对整堂课的一个总结和检测。学生需要根据板书上的关键词,并且加入自己的语言,选取一个角度,写一篇关于法国的简短介绍。这对于初二(4)班的学生来说是一个挑战,这需要学生将所学所想融会贯通,能够正确地表达自己的想法。在这个环节中,我创造了一个场景,假设我是一个游客,而学生是导游,我想去法国旅游,并向学生寻求帮助,让学生为我推荐旅游胜地,让学生身临其境,激发学生自我表现的欲望。

二、实践感悟

在初中英语阅读教学中,问题链是一个很重要的教学手段。好的问题链可以让学生跟着老师的思路,更好地理解文章的写作意图和写作情感。本节课问题链的教学为学生的英语阅读学习提供了一个很好的铺垫,让学生掌握了在阅读时要通过上下文猜词义,在读介绍类文章的时候要抓住哪些关键信息,如何用形容词表达自己对一件事的看法。这将帮助学生在今后的阅读学习中更好地掌握文章重点,更好地研究作者的写作意图和情感。

——摘自刘申瑶《〈Unit 6　France is calling〉说课稿》

教师学导式教学手记

感受四季的色彩

教学片段

寻找四季的色彩

1. 老师:课前让大家带来你们的摄影作品,都带来了吗?现在请拿出你们的摄影作品看一下,它反映的是哪个季节?并在老师准备的色相环中找出你摄影作品中相应季节的几种主要颜色。老师给大家 1 分钟,拿出 iPad,选中找到的色彩拖到右边。

学生寻找色彩,投射四位学生的 iPad。时间到,停止拖动。

提问其中一幅的作者:请你说说你的照片里反映的是哪个季节?其主要色彩是什么?学生回答:夏天——绿色。

提问另一幅的作者:你的照片里反映的是哪个季节?其主要色彩是什么?学生回答:秋天——黄色。

老师:我们刚才每位同学通过寻找作品中的主要色彩,认识到了属于每个季节的色彩,而这一组色彩在美术术语里我们称之为画面的色调。

2. 出示色调知识:展示色环图,色调指的是一幅画中画面色彩的总体倾向。

色环图大家应该并不陌生,这节课我们到色环图中来认识一下色调的三大分类:

色调分有暖色调、冷色调和中性色调。

提问：这三种色调都有哪些颜色？分别给你一种怎样的感受？哪位同学来说说？

回答：暖色调（温暖、积极、热烈）、冷色调（平静、凄凉、凉快）、中性色调（温柔、舒适、安稳）。

老师：接下来我们来做一个练习，分别将四季图片移入相应色调中。

学生练一练，选择一幅提问作者：你为什么这样移动？

回答：根据色调，红色与橙色属于暖色调……

片段反思：

这里运用云课堂技术，学生用 iPad 寻找色彩，让每一位学生都可以参与进来，从而认识色调，让学生了解什么是色调以及色调的分类，再通过运用云课堂的练习，让学生及时反馈练习结果，说明原因，掌握知识。

教学反思

在本课的学习中，学生通过欣赏、分析艺术作品，认识到不同季节的色彩变化，及不同色彩给人带来的不同感受，学生了解什么是色调以及色调的分类。在教学过程中我运用了各种教学手段，如为了让学生充分感受到四季的美，我通过视频欣赏，让学生感受到一年四季色彩的不同美感。

学生基本可以掌握色调的运用，在展评环节，还有一点需要改进的地方，可以让学生以小组形式一起上来，拿出作品向大家展示，并选出最优秀的和大家一起分享讨论。

——摘自朱心忆《感受四季的色彩》

三、进行质量分析

对学生进行了阶段性的测试以后，教师要及时对测试中学生暴露出来的问题进行分析，经过近几年的探索，我校建立了"备课组——教研组——教导处""备课组——年级组——学校""学生——班级——年级组""三级、三层"教学质量分析体系,通过分析,让每位师生明确定位,查找问题,采取措施,发挥考试最大的辐射效应。

　　教师可以通过填写质量分析表格,对阶段性的测试进行总结,肯定优势,分析在测试中暴露出的问题,以做好今后的教学策略调整。

　　在此基础上,根据"三级、三层"教学质量分析体系进行教学质量分析,召开年级组、备课组质量分析会议。俗话说得好,畏惧错误就是毁灭进步。通过会议的沟通研讨,找出问题产生的原因,并采取相应的措施。

　　李大钊曾经说过,人类的生活,必须时时刻刻拿最大的努力,向最高的理想扩张传衍,流传无穷,把那陈腐的组织、腐滞的机能一一扫荡除清,打开一种新局面。教学提升的过程就是一个不断反思总结,不断磨炼的过程。虽然作为一名普通教师可能无法做出什么惊天动地的宏伟大业,但是伟大出自平凡,平凡造就伟大。在自己平凡的工作岗位上,认真钻研教学,通过评价检测及时接受反馈,并根据实际情况制定有针对性的教学策略。在此基础上,不断进行实践、再研究、再反思、再实践……这样循序渐进的磨炼。只有这样,才能为自己积累更多的教学经验,为教学水平的提高奠定坚实的基础。长风破浪会有时,直挂云帆济沧海! 拼搏的路上总是少不了汗水和泪水,但是坚持过去,希望就在不远处。

教师教学质量分析手记

初一语文质量分析

1. 教与学两方面的分析

　　对于诗歌鉴赏的复习力度有所疏忽。在考前对所考的这首诗歌,重点强调和反复巩固的程度还不够,学生的基础知识背默失分率较高,需要在今后的教学中,加大对诗歌基本常识和基础知识的反复背默与巩固夯实,不能放过一个细小的知识点。

　　部分学生做题的速度还比较慢,尤其在遇到题目有难度时。学生的心理素质不强,遇到迷惑性较大的选择题选项时,容易形成心理压力,需要平时加强对学生做题速度的限时操练,并进行适时的心理疏导。有时候可能给他们讲几遍,有些同学还是记不住的,那就需要多次反复强调,提高平时做题训练的速度。

2. 今后的主要措施

加强对本学科的学法指导,学生在答题过程中,答出的要点往往不够深入,涉及面也不广,在今后的教学中要引导学生多读多思考,学生平时读和思考的力度和认真程度还不够,所以要反复强化引导,逐步训练其思维,不断提升学生思维的深度和广度。

——摘自毕冬春《2018 学年第二学期期末考试质量分析表》

第六章

学高于教：学导式教学的回归

学高于教是让教师走向学生，促进学生健康成长；是以教研促进教学，有效提升教学质量；是以评促教，建立优质高效的课堂教学评估标准；是以导促学，让每一位学生抬起头来走路。

教学活动是通过教师教,学生学实现的。教学过程中要正确处理教与学的关系,唤醒学生的主体意识,研究学生的学,教会学生会学,给学生创设自主学习的环境,引导学生养成自主学习能力。从而达到教是为了不教,教是为了学生的学。

古人云:"学起于思,思源于疑。"朱熹曰:"读书无疑者,须教有疑,有疑者却要无疑,到这里方是长进。"做学问必须要先学会问,问就是敲门砖,问就是学之本,是探究之源,是创新思维的催化剂。而问从哪里来? 可以是学生主动观察生活,发现与之经验产生的矛盾而来,也可以是教师置学生于情境之中,以教师之问,促发学生之问,导学生入所学之道,我们需要学导式教学的回归。

导学源于学情。教师的备课,要从学生的学情出发,分析学生的学习力,确定学生学习过程中会遇到的问题,设立学习的重点与难点,在课堂上以有效的、本土的教学对策与方式应对学生的这些疑难杂症。在小班化教学的历程中,我们选择了学困生、中等生为主要教学对象,通过师生近距离对话与辅导,帮助这两个层级的学生能在学科基础型知识的应用中充分发挥自己的实力。而今为了努力使得教学质量进一步提升,要关注分层差异性,以及寻找如何培育学优生的方法,帮助他们提升综合应用能力与高阶思维能力。

学多少不等于教多少。我们常常会见到一个课堂上教师教多少,学生学多少。教师成为了知识的搬运工,学生成为了知识的堆砌者。例如填空题式的练习,与百分之百指向的提问等等,都成了学生学习的高智能除障碍设备,让学生学习中不遇一点困难。教师的导难道是学习的高效疏通剂吗? 不是,我们想要看到的课堂是一个可持续发展的课堂。学生会由于教师的导,不仅学到了知识,还要理解掌握,更要开发学习能力;而教师由于学生的学,进一步了解了学生的学习思维过程,开发出更多的教学疏导方法。在两者相继进步发展的过程中,学一定不等于教。

学多少高于教多少。德国教育家第斯多惠曾经指出:"一个真正的教师指点他的学生的,不是投入百年劳动的现成的大厦,而是促进他去做砌砖的工作,同他一起来建筑大厦,教他建筑。"我们中国人也有同样的思想,这就是"授人以鱼,不如授人以渔"。回到教学上来,学导式教学的回归,不仅是让学生获得"鱼"的结果,而且是让学生能获得某一种"渔"的方式,更重要的还有让学生能收获不同"渔"的方法。教师要在导学中做到"抛砖引玉""触类旁通",才有益于学生的智慧创造。显而易见学高于教才是教育中所呈现出的一种理想境界。

第一节　过程哲学的意蕴

　　学导式教学模式就是学生在教师的指导下,联系教师的基础讲解,自主进行知识的获取。学导式教育,学在导前,先学后导,学高于教。让学生先自学知识点,教师再对学生进行必要的引导,从而使学生在学习过程中处于主导地位,充分发挥学生的主观能动性,通过让学生融入课堂,提升学生的学习兴趣和学习能力。在这个过程中,要调动学生的主观能动性,让学生自主对未知的知识进行探索和学习。学生进行自主探索后,再通过教师的引导,重新审视自己探索出的结果是否正确,提升自己的学习能力。

　　学高于教是让教师走向学生,促进学生健康成长;学高于教是以教研促进教学,有效提升教学质量;是以评促教,建立优质高效的课堂教学评估标准;是以导促学,让每一位学生抬起头来走路。

　　学高于教是以学生的身心发展素质为基础,以科学的学习规律为依据,以科学的学习方法为纲要,以发展思维、提高学习能力为主线,以素质充分发展为目标,以高效的学习思路为设计蓝图,遵循相应的教学原则,让学生在积极主动的学习活动中,建立合理的知识结构,获得科学高效的学习方法,形成较强的学习能力,养成良好的思维品质,身心素质和谐发展。

　　简单地说"学高于教"就是教师按照学生的具体情况来确定教学内容、教学方法和教学计划。就其内涵而言,学高于教包括满足学生的成长需求、基于学生的学习准备、尊重学生的个别差异、开发学生的内在潜能和促进学生的学业进步五个方面。

一、学高于教的实践价值

　　变"学会"为"会学"。教师的"教"是为了学生的"学"而服务的。著名的教育家陶行知先生说过:"我以为好的先生不是教书,不是教学生,乃是教学生学。"因此,教师必须变"教学生学会"为"指导学生会学"。新课程强调教学生学会学习,这就要求教师有强烈的"学法"意识。教学过程既是"教法"的实施,又是"学法"的体现。

变"被动"为"主动"。"施教之功,贵在引路,妙在开窍。"要开启学生通窍之门,就要让学生先学,然后依据学后所短施教。先学后教,即在课堂上教师揭示教学目标,指导学生动脑、动口、动手进行自学与尝试,暴露问题后,教师才给予点拨释疑,学生再进行练习,完成作业。由于学生学在先,学后发现问题,感到困惑,这样学生才可以带着目标,带着"疑问"进入课堂,其求知内驱力会进一步增强。有时甚至无须教师启发诱导,学生的主体作用和内在潜能也能得以充分发挥。

因此,为了让学生真正成为学习的主人,使教学的中心任务落在"学"的层面上,而不是"教"的层面,我们教师应着力培养学生的自主意识,让学生在"自读、自练、自评"的过程中暴露问题,教师的作用在于有的放矢地"相机诱导"。

在课堂教学过程中,让学生经历自学课本——质疑讨论——教师精讲——巩固练习——小结引申,这样,有利于培养学生主动学习的习惯,有效调动学生学习积极性。

二、学高于教的教学流程

学高于教不是不教,而是教的目的和教的方式有别于众,重在学前引导,学中辅导,学后督导。整个学习过程如同汽车进入高速公路,如没有引桥,就上不去;如没有路标,就可能上岔路。教师要当"引桥和路标"。

课堂教学采取学导式的教学策略,从根本上改变了传统教育重教师"教"轻学生"学"的做法,突出学生的主体地位,培养学生自主学习能力。学高于教强调学生的主体性,使学生主动学习,学会学习。

学前教师思考教什么。在学生自己的自主探究学习之前,教师要从宏观上对学生的学习给予必要的指导和点拨,这是"学前导"。教师要在学生学习之前发挥好"导向"作用,就必须认真钻研教材,精心预设教学流程,分析学生实际情况,包括了解学生的原有知识、兴趣、需求以及可能出现的问题等情况。教师依据教学的内容和学生的大体情况,有针对性地预设应指导的具体方面,其中包括学法的指导。注意的是这里教师预设的是"学习提纲",不是"教学提纲",也不是"学习方案",是要对学生的学习发挥"导"的作用,而不是"牵"的作用。所以,教师首先想到的不应是我该教什么、怎样教的问题,而应是学生会学什么,会怎样学的问题。学习提纲应侧重点拨关键、启发问题、激发兴趣,目的是引导学生进入自主的、探究式的学习状态。教师不应牵着学生走,切忌把学习提纲编成教案或学案发给学生,使学生形成现成的结论,束缚学生思维的发展。

学中教师思考怎样学。这是"导学式"教学法实施的中心环节,是学生自主学习、主动参与教学活动的集中体现。学生可以根据教师预设的学习提纲,进行自主探究学习,从而使学习过程更多地成为自我发现问题、自我分析问题、自我解决问题的过程。在这一学习过程中,教师一方面可以充分调动和发挥学生作为学习主体的主观能动性,提倡学生采用多样化的学习方式,使学生富有个性地学习;另一方面,也要促使学生之间进行自主交流与自主合作,鼓励学生展开讨论、辩论,发表各自不同的见解,促进学生共同发展。通过自我对学习方案的设计和落实,学生有了独立思考和自我实践的足够时间和空间。学生学习方案的设计和实施虽然是一种自行为,教师把学习的主动权交给了学生,但这并不意味着教师对学生学习的放任自流。这一过程无论是在课下还是在课堂上完成,教师都应积极地参与其中,并给予必要的指导,形成师生间双向的、能动的交流,从而保证学习的质量和效果。同时,教师通过参与学生的学习活动,能及时地、动态地把握学生的学习信息,为确定和调整自己的教学方案提供可靠的依据。

学后教师思考如何导。在学生自主学习之后,教师对学生的学习情况基本上做到心中有数。在这一环节中,教师要根据学生的学习实际,充分考虑教学对象的复杂性、教学内容的灵活性、教学方法的多样性和教学环境的随机性,创造性地设计和实施教学方案。主要帮助学生分析和解答在学习过程中存在的疑难问题,纠正学生的一些错误理解和认识,适当补充一些新的教学内容或学生需要的、感兴趣的知识等。在这一过程中,教师的作用仍是"导",是"学后导",而不是教师在课堂上唱"独角戏"、搞"一言堂","教学方案"不是把现成的答案压给学生。对于学生在学习过程中出现的一些问题,教师要根据学生的知识和能力水平,尽力地引导学生进行自我再分析、再讨论、再归纳,使学生逐步登上最后一个台阶,得出正确的结论,最终自我解决问题。还有一点,就是教师应当鼓励学生对书本的质疑和对教师的超越,赞赏一些学生的独特的和富有个性的理解和表达,这有利于培养学生的创新品质。

三、学高于教的实践操作

指导学生精学。在所有的教学环节中,最具本质意义的就是学生自学精读教材课文,指导学生精读是任何有效课堂都不可缺少的。离开了学生对教材的自学精读,任何讲解、提问和讨论都失去了针对性,都是没有实质性意义的。精读自学放在课堂,让学生充分地、独立地学习,并完成必要的练习。自学可以是在老师"教"之下进行,也可以是按"导读提纲"的要求进行,还可以是完全独立地进行。

指导学生精讲。让学生在自学的基础上提出学习中存在或发现的问题和困惑,然后在这个基础上进行深化和拓展。分同桌、小组和全班三种形式进行学习交流,教师让学生明确学习交流的内容和任务,保证让所有学生在学习交流中都学有所得。在全班学习交流中要特别重在交流不同点和创新点。这个环节也是教师进行有针对性教学和提高性教学的过程。

指导学生精练。学生在课堂上的学习既包括学也包括习。课堂练习一方面能使学生将刚刚理解的知识加以应用,在应用中加深对新知识的理解;另一方面能及时暴露学生对新知识理解应用的不足。总之,练习和反馈是导学式课堂教学的重要环节,是提高课堂教学质量的重要保证。作业,特别是基本的重要作业在课堂上进行,在教师眼皮底下完成,并当场反馈订正,每次课堂作业就像小测考试一样,这是提高课堂教学效益、减轻课业负担的灵丹妙药。

教师课堂教学手记

抛锚式教学策略融入教学设计

凸透镜成像规律是八年级物理学中光的核心内容,该规律是光的折射规律的延伸,也是上海中考光学的重要考点。学生要理解凸透镜成像规律,要学会如何探究凸透镜成像规律,还要培养并提升提出问题、做出假设、制定计划、搜集证据、解释问题、表达交流的能力。

物理知识的再学习是每个教师都会面临的瓶颈,传统的教法,喜好背诵式教学法,学生在前一天晚上复习相关知识,第二天课堂教师以背诵概念、背诵实验步骤等方式引入复习课。已经很忙碌的初三学生对于这一报流水账式的教学,很麻木,给初三教学后期复习阶段埋下了隐患。

教师对学生的启发采用抛锚式教学策略,通过创造类似真实事件或问题情境,让学生以解决生活难题为场景来学习,并在教师的引导帮助下,在探究事件或解决问题的过程中能够进行自主学习与合作,既是知识理解的升华,也是能力提升的升华。

合理设"锚"源于学生的生活。抛锚式教学策略主要讲究"锚"字,以合理的恰当的情境设"锚",即问题指向,作为学生自主学习的研究导向,让学生有的放矢。凸透镜成像规律在生活中的应用有很多,例如照相机、投影仪、放映机、摄影机等都是规律的体现。所以可以从中选取材料,作为凸透镜成像复习课的情境。

因此情境改进如下,利用图片、视频或实物展示摄影爱好者拍摄图片的场景,并以一个小小的微课的形式,讲讲如何才能拍出一张好的特写照片。学生根据场景的描述,互相讨论拍出好照片的方式方法,利用初二所学,提出有关凸透镜成像的简单问题。

情境的创设必须单一且生活化,物理的教学要贴近生活,根据上海市中学生课程标准,且在不断强调核心素养的背景下,学生学习物理不仅仅学习知识点,背诵知识点,很多是需要培养学生解决问题的能力,尤其是生活解惑能力。传统模拟编造出的情境既枯燥又乏味;生活化的情境教师选取有道,给学生真实感,使得物理离学生的距离更近了一步。

合理抛"锚"源于教师的总结。学生从情境中抛"锚"即寻找问题的课堂是自主的,但学生寻找问题的课堂也是无序的。这就是抛锚式教学策略的不足之处,引导学生提出教师需要的合理问题是教学环节连接的关键。此时是激发学生自主探索的契机,学生根据所学的知识围绕所见光学器具,可以提出"为何两者成像情况不同?""凸透镜与物体之间距离在什么范围内才能有不同的成像?""两者中的凸透镜是否不同?"等问题,这些开放性的问题紧紧围绕凸透镜成像规律,此时教师应该把所有的问题集中起来,"我们何不再次研究凸透镜成像规律看看,怎样的物体摆放才会有照相机与投影仪的成像效果呢?"

教师的这番话语是这次问题小小的总结,将无序的寻找活动,抛向了一个目标明确的问题上,将课堂的走向重新调整到了主道上。

合理解"锚"源于学生的观察。问题的提出需要学生自主结合已学知识,进行分组学习,实施解"锚"。如今惠民中学的课堂已经属于小班化的课堂,可以将学生分为 4 人一组,以不同学生的气质互补作为分组依据,每组经历分析问题、设计实验方案、分析数据、归纳总结,对凸透镜成像规律二次探究,并结合问题中事物的凸透镜成像情况,与所获得凸透镜成像规律对比,学生既对规律有了更深的印象,也对问题中成像的情况从疑惑转变成了理解。最后得出该以怎样的物距、焦距获得照相机特写、远景的成像效果。解"锚"过程中的学生是学习的主人,充分发挥自主优势,根据以往的知识与学习方法,在分析问题的过程中,使用了方法、利用了知识,学生学习能力得到了进一步的提高。

凸透镜成像复习活动评价量表

环节	评 价 内 容	评 价 方 式	得分
设锚	认真观看微课	未达成 0 分,达成 1 分	
	正确理解微课内容	未达成 0 分,达成 1 分	
抛锚	积极参与小组讨论	未达成 0 分,达成 1 分	
	提出有效问题	未达成 0 分,达成 1 分	
解锚	合理利用器材实验	挑选错误 0 分 有多余或者少器材 1 分 挑选合理实验器材 2 分	
	数据的记录	篡改数据 0 分,数据真实 1 分	
	整理器材	器材乱堆放 0 分,器材放置原位 1 分	
起锚	表达结果	逻辑关系颠倒 0 分,逻辑关系清晰 1 分	
	验证结果	未得出结果 0 分,验证成功 1 分	
教师评分		自评分	
总评分			

合理起"锚"源于教师的客观评价。教师的评价决定学生持续的学，但是以问题的解决作为评价的依据，这是不合理的。只要学生在解决问题时有任何小小的突破都是可喜的，教师就应该对这种学习状况给予肯定。采用学生自评，教师评定的平均打分来评价课堂中学生的表现。

教学反思。抛锚式教学策略看似学生能作为课堂的主人，但是优缺点十分鲜明。优点：让学生经历真实的场景，体会场景，体会解决问题的方式，体会协作的方式等。缺点：学生过程变得不可预计，而且教学评价的难度高。

合理的策略根据实际的情况配上合理的教学方法，才是上策。学生是课堂的主人，教师是课堂的调整者。无论是设"锚"、解"锚"、起"锚"哪个环节，教师从一个知识的传授者转变成了学生学习的帮手，他在学生课堂中最需要的时间、地点出现。但教师这个帮手不能时时刻刻地给予帮助，学生自主解决问题时，教师要放手，这就好比讲授、习题课中的"留白"，学生对事物的理解需要的是大脑的加工，而不是一模一样的模板。学生的创新存在于学生的自主，学生稚嫩的发现与创新都有可能让学生有所收获。[2]

学生一次次解决问题的过程，是他们探究科学的成长过程。课程标准中提出学生科学探究的过程是"提出问题—猜想假设—设计方案—处理数据—分析归纳"。抛锚式教学策略中的自主协作学习就是经历这种科学探究的过程。

抛锚式教学策略将学生从生活带向物理，从物理带向社会。[3]学生最后终究会成为社会中的一分子，而不是个个成为物理学家，所以学生学会如何解决问题与适应社会才是教育的核心。从评价量表的设计中可以看出，评价的内容紧扣课堂活动，为评价学生在参与过程中学习能力的状况以及素养改变的情况，教师侧重活动的参与度、认真度、达成度等，设计此量表。学生利用对自己的评价情况，审视自己学习目标达成情况，利于自身学习态度与学习素养的改变。

——摘自张林《基于抛锚式教学策略下凸透镜成像
复习课的教学设计改进》

四、学高于教的实质要求

学生的"学"要做到"三明确",即目标明确,学法明确,难点明确。教师的"教"也要做到"三明确":明确教什么——教学生不会的内容,教学生学会学习。明确教的要求——教师不能就某个问题讲问题,而是引导学生举一反三,触类旁通,并上升到理论的高度来认识,让学生不但知其然,而且要知其所以然,还要培养学生运用知识解决问题的能力。明确教的方式——"教"不是教师唱"独角戏",先让会讲的学生讲,学生不会讲时,教师才给予点拨引导,教师讲解避免重复,力戒"教师讲一句,学生跟一句,教师讲一遍,学生重复一遍"。

紧缩教师讲的时间,保证学生有充足时间完成课堂作业。当然"学"与"教"并不是相互割裂的关系,而是互相渗透,互相补充,辩证统一的整体。"学"中可以适当地提问、点拨、启发、诱导;"教"中也要充分发挥学生主体作用。学高于教的实质是教会学生学习,教会学生开动脑筋,教会学生实际运用。

第二节　生长是第一要务

学校因学生而存在,学校的使命就是促进学生的发展。离开学生,离开学生的发展,学校就失去了存在的意义。学校的课程教学改革、教师专业发展等,都指向学生,最终为促进学生发展服务。"学导式"教学模式建构,只有落实到学生的成长上,我们所做的一切才获得最终的意义,才不会自说自话,凌空蹈虚,才会接着地气,找到根基。种种云端的美丽,才会落到地上来,化成生命的色彩。

一、发挥教师在教学中的"主导"作用

正确理解教与学的关系。教学活动是通过教师教,学生学实现的。教师是教学活动的组织者、引导者。但教又是为了学生学,而且是为了让学生学好。因此,教学过程中,教师的作用,不仅表现在教师"教",更重要的表现在指导学生"学"。不能满足于学生"学会",更要引导他们"会学"。

处理好主导与主体的关系。"指导学习"是教师在教学中的主要职能。随着现代化教育的发展,教师"指导学习"的职能理应凸显,而"传授知识"的职能理应相对弱化,同时,要强化学生自主地学习教材。"指导学习"就是教师的主导作用,学生"自主学习"即学生的主体作用。课堂教学实践活动,就是由教师"教"的实践与学生"学"的实践有机结合在一起的复合型实践。教学实践中充分发挥教师的"主导"作用,教师要根据学生的学习规律选用教法,达到以学定教,顺学而教。

处理好讲与导的关系。努力做到讲中导、导中讲,使讲与导有机结合起来。讲中导,重点在导,主要包括向学生导法、导路、导疑及导思。导法指教师引导学生掌握学习的方法,让学生学会自己分析问题和解决问题,做到由"授人以鱼"到"授人以渔"的飞跃,实现叶圣陶先生所说的"教是为了不需要教"的理想境界。导路指教师引导学生学会理清教材的逻辑顺序,让他们"遵路识斯真",循序见其明。这里主要是指引导学生从整体到部分把握学习任务的能力,使他们明确学习目标,思维有明确的指向。导疑指教师引导学生会自己质疑问难,学会在"无疑处生疑",从而把问题引向深入。质疑能力的培养是一个循序渐进的过程,教师绝不可

急于求成,要逐渐培养。导思指教师引导学生积极思考,使他们的思维始终处于"愤悱"的求知状态,并教给他们科学的思维方法,让他们学会思维,绝不是一味地由教师牵着学生的鼻子走。

提升教师的文化底蕴。课堂教学是教师、学生、文本多边对话的过程。教师是教学的组织者和指导者,如果对文本没有深入的把握,就无法担当师生对话、生生对话、师生与文本对话的首席。当然,也就无法实现以学生发展为本的理念。特别是基于课程标准的教学与评价,它的文化含量大增,要想把教材用好,对教师文化底蕴的要求也就随之提高。特级教师钱梦龙、于漪、于永正等,他们之所以能够把课上得有声有色,如行云流水,学生学得兴趣盎然,意味无穷,都与他们具有深厚的文化底蕴分不开。

二、保证学生在学习中的"主体"地位

使学生真正成为学习的主人。在教学实践中,要充分保证学生在学习中的"主体"地位,教师必须明确教是为了学,课堂教学不是看老师教得怎么样,而是看学生学得好不好。教要围绕学生的学来进行,既要仔细思考教师怎么教,更要精心设计学生怎么学。正如叶澜教授所强调的那样:"把课堂还给学生,让课堂充满生命活力;把班级还给学生,让班级充满成长气息;把创造还给学生,让教育充满智慧和挑战;把精神生命发展主动权还给学生,让学校充满勃勃生机。"在教师强有力的指导下,将学生导入思考的世界,让课堂焕发出生命的活力。

努力构建民主开放的课堂教学。让师爱永驻课堂,让课堂充满情感,面向全体学生,使每一个学生都能在原有的基础上得到主动的发展。为什么有些课堂气氛沉闷,学生上课昏昏沉沉,提不起精神?原因在于我们的教学不能触及他们的心灵,不能引发真正的思考,不能激起他们的兴趣,不能唤醒他们的主体意识。作为教师必须认识到,在教学过程中,学生不是一个消极被动的接受者,而是一个主动的探究者。学生是学习的主体,是学习的真正主人。要唤醒和激发学生的主体意识,才能使他们更好地参与到学习中来。

诱导和培养学生的主体意识。当学生认识到自己是学习的主体,教师只是自己的引路人,在知识的海洋中只有通过自己努力才能到达胜利的彼岸时,才能真

正主动地投身到学习中去。具体做法有二。一是创设教学情境是唤醒学生主体意识。情境产生体验,应把学生置身于某一情境中,让其去体验、感受,从而获得情感上的认同,认识上的提高。教师制造出一种符合教学需要的情境,就能诱发学生思维,让学生主动参与。置身于教师设置的生活情境中,学生才能处于积极的学习状态中。二是设置教学问题唤醒学生主体意识。不同的问题,会给学生的感官带来不同的刺激,使他们作出不同的反应。教师要研究学生心灵深处的认知冲突,探求学生内心的精神世界,了解学生思想认识上的误区。同时把学生要学习的内容巧妙地转化为问题情境,才能设置出学生需要的问题,才能唤醒学生的主体意识。

三、不断提高学生的会学能力

研究学生的学。教师要研究学生的学,教会学生会学,不断提高学生的学习能力。根据教学内容,研究学生,研究教法和学法。有意识、有目的、有侧重地培养学生各种能力,使其学会各种学法,可有效提高学生的学习能力,培养学生良好的学习习惯。

教会学生会学。教师在教学中指导学生学会阅读教材,读书前出示提纲或思考题,让学生带着问题有意识地读,对难度大的知识通过有梯度问题的设置,让学生一步步逐渐接近目标。教育学生看书时将关键疑难处画出来并力求独立解决问题,课上要多动脑,想解决的方法,积极思考。不能解决的及时记录下来去请教同学和老师。

鼓励学生大胆质疑。鼓励学生提出不同的见解,展开争辩,使学生始终保持质疑、释疑的学习情趣。苏霍姆林斯基说:每个学生都是独一无二的世界,每个学生都是与众不同的,都有自己的特点和长处。他们常为自己能解决一个问题而感到自豪。教师就要遵循学生的这一个性特征,注意培养和挖掘这一意识,给学生营造一种情境,让学生敢说、敢问、敢议、能主动参与。一堂课成功与否,并不在于你讲得是否精彩,而在于学生表现得是否精彩;一堂课成功与否,并不在于你课堂讲得是否滴水不漏,而是在于学生的能力是否得到提升,良好的学习方法与习惯是否养成。

　　我校一位教师在教历史课"西汉与匈奴的关系"一章时,并没有按部就班地从教材的开头讲到结尾,而是首先向学生提出了这样一个问题:"同学们读一读本节教材内容,看一看谁能够把这些内容用两个字总结出来,如果你能够把本节教学内容用两个字总结出来的话,就说明你学会了怎样来学习历史课了,并且你还抓住了本节教学的精髓。"教师的这一番既有鼓动性又有方法暗示的导入语,把学生带入了自主学习的状态。学生们开始认真地读书、勾画、做标记。过了一会儿,有对学生开始小声地交换意见,教师看时机已经成熟,然后说:"现在有的同学已经感觉到自己解决问题有些难度,想与其他同学交换看法,那么你们就自愿结组,各抒己见谈论一下好吗?"于是热烈的课堂气氛出现了。经过几分钟的讨论,学生们的意见很快达成了共识,一致认为西汉与匈奴的关系可以用两个字来概括,那就是"战"与"和",教师接着又问:"战",重要的战役有哪几次? 是谁与谁战? 战果如何? 为什么会有这样的结果?"和",是哪一个方面在什么情况下求和? 求和的方式和措施又是怎样的? 这种"和"在当时具有怎样的意义? 学生要解决这些问题,就需要再进一步读书,需要在教材中寻找相关信息,找到相关信息后,还要进行总结归纳,在这种情况下,学生的学习能力就可以得到充分的、全面的训练和提高,从而实现在教学过程中,完成培养学生学习能力的任务。

四、创设学生会学生态

　　学习的终极目的是提高学生运用知识分析、解决问题的能力,化知为行。为此,教师要改进课堂教学,提高课堂教学时效性,使政治课堂成为学生参与率高的课堂,成为学生的课堂,成为学生分析思考实际问题的课堂。课堂教学中教师要创设让学生充分发展的机会和空间，让他们直接参与探究新知识的全过程。这样才能提高学生的学习能力，在授之以"鱼"的同时授之以"渔"。

教师将课堂的主动权交到学生手中，让学生自己形成正确的认识，教会他们获取知识的途径和方法，提高学生自主学习的能力。学生有了自主学习的环境，就有了自我发展的空间，并在老师的引导下，获得了理解能力的发展和深层次的情感体验，从而由表及里、由浅入深、循序渐进地建构知识，并将知识转化为能力。

不断改进教学，提高课堂教学的时效性，这是使学生学会学习的前提和基础。使学生从想学、爱学、学会到会学是教学过程中逐步实现的，在这过程中要充分调动学生的积极主动性，保证学生的主体地位，使之成为教学活动的"主角"，养成良好的学习习惯，这才是教的目的所在。

学导式教学策略手记

惠民中学"一讲三化"策略

惠民中学在"学导式教学"实践中，注重运用"一讲三化"策略。这既是知识与能力的教与学，又是教师与学生解决问题的方法。它来源于教师在知识归类过程中总结出的解决同一类问题的图式和方法，是从学的角度提升教学经验，是引领学生对已有的学习经验、学习方法的概括和精加工。这里的"教学"即教学生学。所谓的"一讲三化"，即：一讲，讲解策略；三化，强化策略、内化策略、活化策略。

讲解策略：以某一学习任务为依据，总结某一学习策略，讲清它是什么、如何做、什么条件下用。学生的认识规律是由感性认识到理性认识，要求教师在教学过程中进行学习策略示范，学生才能形象地感知策略的内容及操作步骤。

强化策略：让学生将学到的策略运用到学习环节中，引导学生说出有关策略运用的情况，如"是什么""怎么用"等，使学生清楚学习策略的内容，然后合作完成学习任务，强化认识，掌握学习策略的实质。

内化策略：学生有了初步感知，教师适时引导其对学习过程进行回顾，归纳、提升出便于操作的学习步骤，并科学地对策略命名，使学生有完整的理解，并内化为自己的认识。

活化策略：指导学生把习得的学习策略应用到新知识的学习中，实现迁移运用，把学习策略转化为自己的学习能力。在后续学习中，教师为学生创设情境，实践固化、检测自学效果、获得成功、激发兴趣、反馈不足。

教师教学经验手记

语文教学中"生生互动"的教学方式

在传统的语文课堂教学中，都是以教师讲授为主。而如今，在倡导"创智课堂"的背景下，教师越来越多地把学习的自主权交给学生，形成良好的师生互动氛围。还有许多教师会采用小组形式，让学生共同参与课堂讨论，并且由小组代表汇报讨论成果。这样的"生生互动"方法能够很大程度地提高学生的参与程度。但是我认为这样的方法对我校普通班级的学生而言并不适用。

主要存在几个问题：1. 学生的自控能力较差，一旦开展小组讨论，课堂纪律无法保证。2. 学生的自主学习能力较差。只有小部分学生能够围绕主题展开讨论，并且有能力完成汇报展示，总体参与度低。3. 部分学生会分散注意力，将小组讨论时间当成闲谈时间，因而影响了课堂效率。

那么有这些问题是不是意味着普通班级就不能开展"生生互动"，只能遵循传统的教师主导规则了呢？带着这样的问题，我进行了一些实践和探究，希望能够针对这些问题，找出合理的应对策略。经过摸索和实践，我尝试采用非小组讨论形式的"生生互动"，也就是将"师生互动"和"生生互动"相结合。实践方法和效果如下。

一、新授课中,教师提出问题,学生之间互相质疑、互相补充

　　语文课堂的提问有两个重要的策略,第一是围绕一个大问题展开讨论,第二是就某一个问题层层深入地讨论。课堂提问针对的对象是全体学生。基于这两方面的考虑,学生在思考的过程中一定会有疏漏之处。依照传统的教学方式,可能我们会想到由教师来补充学生的回答。但是我尝试以此为契机,将学生的积极性调动起来。当有学生回答问题出现漏洞和失误时,我有意引导学生:"是不是真的如他所说?""有没有需要补充的?""有没有反对的意见?"经过这样的提问,我发现很多学生的注意力会被吸引过来。有些之前在"开小差"的学生也会互相询问:"刚才他回答的是什么?""老师的问题是什么?"对于这个年龄且学习自觉性不够的学生而言,对同学的关注度可能超过了对课堂的关注度。因此采用互相质疑的方式能够很好地吸引他们的注意力。

　　当学生的注意力较集中时,让学生的学习经历相互穿插和补充。而且这种补充和穿插不仅限于问题的答案,还能够提取学生良好的思维过程作为参考,让其他学生从中有所受益。比如运用学生互相提问,互相解答的方式进行课堂讨论,甚至可以采取课堂辩论的方式,让学生对于老师及同学提出的问题能有更加深入的探索和思考。这些思维方式更能够贯穿于整节课之中,通过重复提及的方式,成为全体学生的学习经历。

　　通过这样的"生生互动",学生容易被热烈的课堂氛围所吸引,从而更为顺利地开展课堂讨论。当有学生的神思依然游离在外时,教师也可以适当提醒。

二、复习阶段,教师出题,学生接龙、互答

　　复习阶段学生对于课堂的积极性会进一步下降,他们往往认为都是复习旧知识,无须多留意老师在说什么。此时进行"生生互动"也应该抓住他们的年龄和思维特点,让复习时间更为充实、有趣,同时也更有效率。

　　我最喜欢采取的方式是让学生进行问题的接龙、互答。比如由我出一题,学生 A 答。若能答出,那么学生 A 再出题,由我指定另一个学生 B

来回答他的问题。若未能答出，那么学生 A"受罚"——抄写几遍答案，换学生 C。由此循环往复。问题往往都是一些需要默写的古诗词、文言文字词、文言文翻译、文学常识、易错字书写等。这些问题虽然基础，但是需要经常性地重复才能正确应答。接龙、互答的方法既能够考验答题者，也能考验出题者。

经过几次实践，我认为这个方法能够提升学生的注意力、紧张程度，并且能够让他们的基础知识不断得到巩固，学生对此也非常有兴趣。

——摘自吴圣玫《语文教学中"生生互动"的教学方式探讨》

第三节 进入完整的生活

惠民中学在学导式教学理念的指导下,在中考改革的背景下,全面实施素质教育,坚持"五育并举",促进学生全面发展,推进学生进入完整的学习生活。在教学内容上根据培养目标和学生成长需要,以知识学习为基础、以能力提升为本位、以创智开发为内核。教育内容选用和设计体现多样性,多视角、多层次、多类型、多形式地为学生学习提供更多的选择空间,在多样化、开放式的学习平台中,充分发挥学生的自主性、积极性与参与性,培养学生探究问题的能力和实事求是的科学态度,提高学生创新意识和实践能力。

一、促进初中学生进入完整生活的目标定位

紧紧围绕落实立德树人根本任务,坚持敦品为基、立志为要、成才为本,培养忠于祖国、奉献人民、理想坚定、信念执着、身心健康、人格健全、社会责任感强、创新精神与实践能力突出的新时代学生。丰富素质教育内涵,严格落实国家课程方案,打造优质高效课堂,建立和完善以促进学生综合素质提升为统领的德育体系、课程体系、实践体系和评价体系。研发课外活动校本教材,构建基本完备的竞赛体系,形成促进学生全面发展、健康成长的体制机制和良好社会氛围。学生良好习惯基本养成,学习兴趣有效激发,个性潜能充分释放,综合素质明显提升,创新精神、实践能力、规则意识、合作精神和意志品质显著增强。

二、拓展初中学生进入完整生活的有效路径

(一)着力提升学生品德素养

坚持德育为先。以社会主义核心价值观为导向,深化理想信念、爱国主义、道德教育、社会责任教育和法治教育。

开展理想信念教育。开展中华优秀传统文化和革命文化、社会主义先进文化教育,增强爱国情感以及中华民族自豪感。

开展道德教育。通过学科融合、学生社团、校园节日、社会实践等各种途径，弘扬孝敬父母、尊敬师长、团结友爱、立志勤学、自强不息、谦虚礼貌、诚实守信等传统美德，引导学生树立正确的人生观、价值观，为学生人生的发展扣好第一颗扣子。

开展社会责任教育。引导学生遵守公共规则，增强社会责任感，热心公益，积极参加义工活动，培养学生勤劳、吃苦、节约的良好习惯；开展职业体验活动，培养学生的岗位责任意识；丰富法治教育内容和形式，弘扬社会主义民主法治、自由平等、公平正义等核心价值观，增强学生公民意识。

（二）着力提升学生学习素养

以学生为中心，有教无类，因材施教，关注个体差异，培养学习兴趣，帮助学生掌握科学方法、养成学习习惯，引导中小学生乐学善学。

培养学生学习热情。加强学习与生活的联系，因材施教，寓教于乐，增强学生成功体验。加强社团建设，学生每人每学期至少参加 1 个社团。引导学生自觉学习、主动学习、终身学习。

强化学生学法指导。要求学生每学期和每周做一个学习计划，做到规划成长、科学学习，定期开展读书会、学习方法交流会，让每位学生掌握适合自己的学习方法。

注重学生习惯养成。学习习惯要一抓到底，常抓不懈。培养学生定计划与写总结的习惯。给学生印制计划总结本，天天定计划，周周有总结；培养学生书写的习惯，让每一位学生都能够写一手工整的钢笔字，开展写字比赛、书法展评等活动，让孩子写好字，做好人；培养记笔记的习惯，让学生随时记录、阶段整理所学内容；培养写日记（周记）的习惯，丰富学生语汇，锻炼学生语言和文字表达能力，在尊重隐私的前提下开展班级、年级、学校各种形式的优秀日记（周记）展、学生日记（周记）美文赏析等。从精读一本书、写好一个字、记好一篇日记着手培养。

加强学生自主学习。引导学生自主学习、探究学习和深度学习。强化学生问题意识，引导学生主动思考，学会发现问题、提出问题、分析问题、解决问题。突出学以致用，提高适应新时代发展的必备品格和关键能力。

（三）着力提升学生身心素养

坚持健康第一，增强学生体质，引导学生养成良好锻炼习惯，培育阳光心态和健全人格，形成良好个性、心理品质，促进学生身心和谐发展。

增强学生体质健康。开展阳光体育运动，大力发展趣味体育，培养学生对体育的兴趣和特长，使其养成良好运动习惯。学生在校期间自主选择至少两项体育运动项目，熟练掌握一项受益终身的体育运动技能。让学生在体育锻炼中享受乐趣、增强体质、健全人格、锤炼意志。每位学生每年参加一次身体素质测试，达到国家规定的标准；每学期早操出勤率不低于95％；学生每学期至少应参加一次（项）体育活动。

促进学生心理健康。学校要组织新生参加一次心理素质测试，定期开展学生心理健康调查。落实全员育人导师制，创新心理健康教育途径和方法，课内与课外、教育与指导、咨询与服务相结合，以活动和体验为主，提升学生自我认知和自我教育能力，培养乐观向上的心理品质。

培育学生健全人格。加强情感教育，丰富学生情感体验，培养良好情商。加强意志训练，提高学生承受力、耐挫力和适应环境能力。加强劳动教育和综合实践活动，促进学生知、情、意、行协调发展，逐步形成健全人格。

（四）着力提升学生审美素养

坚持以美育人，以文化人，丰富学生审美体验，促进以美育德、以美启智。

立足实际参加艺术体验。学生自主选择学习一至两项艺术才能，熟练掌握其中一项能受益终身的艺术才能。结合自身和地域民间文化特色，开发内容丰富、形式多样的美育校本课程和特色课程。通过学生艺术社团积极开展合唱、舞蹈、器乐、戏剧（课本剧、歌舞剧、戏曲）、朗诵、书画等艺术活动。学校每年举办校园艺术节并形成长效机制，组织艺术展演活动，组织参加上级的艺术展演、艺术比赛等。

走出校园参加艺术实践。学生每学期至少参加一次民间工艺美术制作、观摩艺术展、参与戏剧表演、参观校外美育基地、参加美育实践活动，培养学生树立正确的审美观念，陶冶高尚的道德情操，培育深厚的民族情感，激发想象力和创新意识。根据美育特色，结合"元旦""春节""五一""六一""七一""中秋""十一"等节日,定期开展一系列的美育实践活动,指导学生在活动中欣赏美、体验美、创作美,提高学生的审美能力。

(五)着力提升学生创新素养

以创新为引领,激发学生创新意识,引导学生掌握创新方法,提升学生创新能力,培养创新人才,全面提升学生创新实践能力。

激发学生创新意识。设立科技、设计、文学、艺术等各类创意学习教室,建立学生创意实践基地,丰富创新素养培育课程资源,激发学生探索与发现的志趣与动力。

培育学生创新品质。培养创新型教师,提升学科创新能力,建设崇尚创新、大胆实践的校园文化,着力培养学生的批判精神、创新精神和创新人格。

提高学生创新能力。加强实验教学,培育学生的实验规范操作能力、实验设计能力,培养学生创新能力和团队协作精神,推动学生全面发展。

(六)着力提升学生信息素养

坚持以信息技术促进教育教学变革,着力培养学生获取、处理、应用信息的能力,使其形成与信息化社会相适应的信息素养。

增强学生应用能力。发挥信息技术优势,推动移动学习终端等新技术、新媒体在教育教学中的普及和应用。建立学生现代信息技术等级达标制度。

推进学生网络学习。推动信息技术与教育教学的深度融合,推广实施翻转课堂学习改革。积极建设"智慧校园",探索网络环境下教学新方式、新途径,促进在线学习和传统学习的融合。建设师生实名制网络学习空间,扩大优质教育资源共享。

践行校园网络文明。加强网络道德规范建设,提高学生对网络内容的鉴别能力和自我选择能力,自觉拒绝不良网络内容,引导学生做网络文明的践行者、传播者和守护者。

(七)着力提升学生生活素养

坚持面向学生生活,引导学生提高健康生活意识,提升劳动光荣认识,强化生活技能,学会安全自助与救护,培养自主生活能力,养成低碳生活习惯。

培养学生劳动习惯。崇尚劳动、尊重劳动,鼓励中小学生积极承担家务活动,支持中小学建设生活手工坊,开发生活类校本课程,加强学生劳动教育,引导学生掌握基本生活技能,强化时间管理,学会自我管理、自主生活,学生每月参加一次学校、家庭或自己选择的劳动。设置劳动周或校内义务劳动岗,创造条件与社区、企业、商店等合作开展师生劳动日。鼓励家长自行安排高年级学生参加社会劳动实践活动。

开展学生生命教育。开发安全教育系列课程,积极开展火灾、水电、交通、防盗、禁毒、地震等安全教育和安全演练活动,增强学生应急能力和救助能力。

促进学会低碳生活。引导学生从身边点滴做起、从生活小事做起,注意节粮、节电、节水、节油、节气,提倡绿色出行,成为低碳生活的宣传者和实践者。推进绿色低碳校园建设,增强学生环保意识,培养低碳生活理念,鼓励学生争当环保小卫士。

学生实践活动手记

触摸历史记忆　感受杨浦"百年工业"

杨浦是一个历史文化底蕴丰富的地区。百年工业文明、百年大学文明、百年市政文明,是杨浦区深厚的文化积淀,是重要的人文资源。沪东工人文化宫辟出专门场地,布置"杨浦工人运动史料"展区,配以120幅真实的黑白照片和生动翔实的文字说明,使参观者能对杨浦区工人运动的历史有全面直观的了解。在今年5月27日,上海将迎来解放69周年纪念日。令杨浦人自豪的是,早在33年前的1985年5月27日,上海市总工会就在富有革命斗争光荣传统的杨浦区建立了全市第一座迎接上海解放的纪念碑,供人瞻仰和纪念。而这其中就有我们的工人武装。这尊纪念碑如今巍然屹立在沪东工人文化宫的花园里。

活 动 目 的

通过参观杨浦工人运动史料展和"迎接上海解放"纪念群雕,挖掘群雕背后与照片背后的故事。触摸杨浦"百年工业"的文化积淀与红色印记,感受近代工业在杨浦历史上留下的足迹,了解历史,了解上海的乡土风情。

通过组织学生探究由于杨浦独特的区位优势，造就上海近代工业发展最早、最集中的地带，以及上海最大的工业区，激发学生学习身边地理的兴趣，来培养他们对该学科的兴趣。

通过参观、学习和感悟，了解杨浦"百年工业"，激发热爱杨浦的情感，进一步体会杨浦独特的文化底蕴。

活 动 场 馆

场馆一：杨浦工人运动史料展

杨浦区是中国近代工业的发祥地，是中国工人阶级成长的摇篮。为纪念那段充满革命激情的岁月，沪东工人文化宫辟出专门场地，布置"杨浦工人运动史料"展区，为广大市民群众提供爱国主义教育场所。展览共设有长 75 厘米、宽 50 厘米的展板 36 块，分列于走廊两侧，其间点缀着一叶兰、绿萝等植物。以暗黄为底色的展板，配以沪东工人文化宫从大量的史料中精选出的 120 幅真实反映杨浦工人运动历史的黑白照片，体现出强烈的历史感和沧桑感。图片周围配有生动翔实的文字说明，使参观者能对杨浦区工人运动的历史有全面直观的了解。

场馆二："迎接上海解放"纪念群雕

"迎接上海解放"纪念群雕巍然屹立在沪东工人文化宫的花园里。碑上一组白色雕像由为解放上海立下丰功伟绩的手持钢枪的中国人民解放军战士，为保卫大上海立下了不朽功勋的工人武装组建的人民保安队员，青年女工和学生为迎接全市解放，赶印刊登上海解放消息和《解放军约法八章》的号外以及少年儿童手捧鲜花敬献给人民子弟兵等艺术形象组成。

活 动 过 程

预习与导学：了解上海解放的故事与百年工业的发展历史

1. 活动地点：计算机房

2. 活动对象：初一学生

3. 活动目标：了解近代杨浦"百年工业"的历史痕迹；了解近代杨浦的工业区位优势；了解上海的其他城市雕塑群；了解上海解放的相关内容；介绍自己感兴趣的雕塑。

4. 活动准备：导学案，组织学生进电脑房分组查阅相关信息。

实地考察：我是小小观察员

1. 活动内容：参观杨浦工人运动史料展与"迎接上海解放"纪念群雕。

2. 活动目标：杨浦工人运动史料展：（1）记录杨浦工人运动史料展中让人印象深刻的照片；（2）利用所查询的知识背景，解释照片背后的意义；（3）初步感受近代杨浦工人阶级对于"百年工业"事业的贡献。"迎接上海解放"纪念群雕：（1）记录"迎接上海解放"纪念群雕所涵盖的内容；（2）利用所查询的知识背景，解释雕塑内容背后的意义；（3）初步感受近代上海工人阶级对上海的解放所作出的贡献，感受杨浦的红色传统与文化底蕴。

3. 活动准备：（1）落实好活动车辆以及停车事宜；（2）进行安全教育；（3）发放观察单。

4. 活动步骤：（1）参观杨浦工人运动史料展与"迎接上海解放"纪念群雕；（2）填写观察单；（3）交流讨论观察结果及照片、群雕背后的故事；（4）辅导学生将探究的资料制作成探究报告；（5）活动评价与收获。

作业反馈："百年工业"——杨浦

1. 活动目标：（1）从近代上海的开埠史与自身的独特地理位置角度，利用所学解释杨浦成为近代上海工业摇篮的原因；（2）解决导学案问题，并进行交流研讨；（3）分享参观照片，并进行分组介绍。

2. 活动准备：学生事先准备好 ppt，完成导学案与观察单。

3. 活动过程：（1）从近代上海的历史、地理角度介绍杨浦近代工业发展的不同阶段；（2）交流学习成果与分享感受；（3）活动评价。

三、引导学生进入完整生活的推进机制

（一）构建新型课程体系

围绕学生综合素养培养构建各具特色的课程体系，扩大课程选择性，提高课程实效性。开齐开全三类课程，基础课程以国家课程为主，面向全体学生开设；拓展课程是国家课程的拓展与延伸，主要服务学生能力提升；特色探究课程由学校自主开发，主要服务学生个性化发展。充分利用学校、家庭、社区课程资源，开发与综合素养培养相配套的专题化、系列化、模块化的拓展课程和特色课程。重点开发习惯养成、兴趣培养、学会学习、快乐阅读、生活技能等活动课程；着力开发青春期教育、社会公德、特长培养、自主生活等综合性课程，用课程满足学生成长需求。

（二）完善综合素养评价体系

开展学生艺术素质测评工作，建立学生美育成长档案，将学生参加素养提升课程修习、课内外活动实践、社团活动等学习成果纳入学生综合素质评价体系。研究制定学生综合素养评价指标体系，建立学生综合素养成长电子档案，全程跟踪和记录学生各类素养成长情况。定期开展"多元评价"，主要通过问卷调查测评各学校学生综合素养发展水平，并对学校课程领导与实施能力、学业负担水平、师生关系、教师育人能力等进行相关分析。建设学生综合素养提升信息数据库，不断完善学生综合素养评价体系。

（三）建立学生素养提升教研机制

深入开展学生素养提升研究，每学期至少举行一次各类范围和级别的交流研讨活动，每年至少组织一次成果展示活动。建设一支新型教师队伍，加强课程研究、课堂研究、教法学法研究和学情研究，大胆改革课堂，推进学生自主、探究、合作学习和深度学习。

（四）发挥家校育人合力

发挥家庭教育积极作用，以培养孩子综合素养为重点，父母和亲人应当言传

身教,增强家庭育人责任。建立学校定期向家长通报学生素养制度,完善学校、家长、社会"三位一体"的素养监督体系。通过举办家长学校对家长进行系统培训,不断提升家庭育人能力,引导孩子健康成长。健全家校合作机制,完善家长委员会,发展家长志愿者,引导家长积极参与学校民主管理、课程建设、社团建设,增强家庭教育与学校教育的协调性,形成家庭与学校的教育合力。

后记

　　教学过程是师生组成的双边过程,传统课堂教学过程大多都是在教师控制下,学生被动完成教师指令的学习过程。在这一过程中,师生的角色不同,以前我们强调"教学",注重把"教"放在前面,"学"放在后面,更多地体现教师教的主导地位。随着教育的改革,特别是中考新政和课程深化改革要求我们把学习的主动权还给学生,培养学生自主学习的意识和能力。实现学生自主地学习,真正实现从"要我学"转变成"我要学"的目标。其核心问题是要改革传统的教师主宰课堂的局面,而构建师生互动、生生互动、共同积极参与课堂活动的"学导合一"教学模式。更多体现的是一种师生互动关系,强调学生主体,教师引导,强调学生先学,教师导学。本书所阐述的学导式教学,把学生的"学"放在前面,把教师的"导"放在后面,顺序的变化体现的是以学生为本,强调的是教师的教必须建立在学生学的基础之上,强调的是先学后教,在此基础上,实现以学定教,为学而教。

　　本书编写过程中,得到了上海市教育科学研究院杨四耕老师、杨浦教育局政策研究室原主任胡振凯老师等人的倾情指导和大力支持,在此表示感谢!

上海市惠民中学校长

孙广波

2020 年 1 月 1 日

学校课程发展丛书

数学学科课程群	978 – 7 – 5675 – 9445 – 6	58.00	2019 年 8 月
科学学科课程群	978 – 7 – 5675 – 9593 – 4	34.00	2019 年 9 月
核心素养与课程设计	978 – 7 – 5675 – 9462 – 3	46.00	2019 年 9 月
语文学科课程群	978 – 7 – 5675 – 9441 – 8	56.00	2019 年 9 月
品牌培育与学校课程	978 – 7 – 5675 – 9372 – 5	39.00	2019 年 9 月
英语学科课程群	978 – 7 – 5675 – 9575 – 0	39.00	2019 年 10 月
体艺学科课程群	978 – 7 – 5675 – 9594 – 1	34.00	2019 年 10 月
跨学科课程的 20 个创意设计	978 – 7 – 5675 – 9576 – 7	34.00	2019 年 10 月
学校课程与文化变革	978 – 7 – 5675 – 9343 – 5	52.00	2019 年 10 月

品质课程实验研究丛书

学校课程框架的建构：HOME 课程的旨趣与架构

	978 – 7 – 5675 – 9167 – 7	36.00	2019 年 9 月

聚焦育人目标的课程设计：红棉花季课程的愿景与追求

	978 – 7 – 5675 – 9233 – 9	39.00	2019 年 10 月

核心素养导向的课程设计：花园式课程的文化与聚焦

	978 – 7 – 5675 – 9037 – 3	48.00	2019 年 10 月

学校课程文化的实践脉络：百步梯课程的逻辑与架构

	978 – 7 – 5675 – 9140 – 0	48.00	2019 年 11 月

学校课程发展策略：SMILE 课程的逻辑与深度

	978 – 7 – 5675 – 9302 – 2	46.00	2019 年 12 月

聚焦内涵发展的课程探究：芳香式课程的理念与实施

	978 – 7 – 5675 – 9509 – 5	48.00	2020 年 1 月

以儿童为中心的课程：欢乐谷课程的旨趣与维度

978 - 7 - 5675 - 9489 - 0　　45.00　　2020 年 1 月

学校课程深度变革丛书

进入学科深处的六个秘密　　978 - 7 - 5675 - 5810 - 6　　28.00　　2016 年 12 月

新美课程：演绎生命之诗　　978 - 7 - 5675 - 7552 - 3　　48.00　　2018 年 5 月

跨界学习：学校课程变革的新取向

978 - 7 - 5675 - 7612 - 4　　34.00　　2018 年 6 月

以学习为中心的课程实施　　978 - 7 - 5675 - 7817 - 3　　48.00　　2018 年 8 月

聚焦学习的课程评估：L - ADDER 课程评估工具与应用

978 - 7 - 5675 - 7919 - 4　　40.00　　2018 年 11 月

学科核心素养与学科课程群　　978 - 7 - 5675 - 8339 - 9　　48.00　　2019 年 1 月

大风车课程：童趣与想象　　978 - 7 - 5675 - 8674 - 1　　38.00　　2019 年 3 月

蒲公英课程：综合实践活动课程的校本创意与深度

978 - 7 - 5675 - 8673 - 4　　52.00　　2019 年 3 月

MY 课程：叩响儿童心灵　　978 - 7 - 5675 - 7974 - 3　　39.00　　2018 年 10 月

课程实施的 10 种模式　　978 - 7 - 5675 - 8328 - 3　　45.00　　2019 年 1 月

聚焦式课程变革：制度设计与深度推进

978 - 7 - 5675 - 8846 - 2　　36.00　　2019 年 4 月

以素养为核心的学科课程图谱　　978 - 7 - 5675 - 9041 - 0　　58.00　　2019 年 4 月

全经验课程：在地文化与实践演绎

978 - 7 - 5675 - 8957 - 5　　54.00　　2019 年 6 月

品质课程丛书

活跃的课程图景　　978 - 7 - 5675 - 6941 - 6　　42.00　　2017 年 11 月

课程情愫:学校课程发展的另类维度

                    978 - 7 - 5675 - 7014 - 6   42.00   2017 年 11 月

突破大杂烩:有逻辑的学校课程变革

                    978 - 7 - 5675 - 6998 - 0   52.00   2017 年 11 月

课程群:学习的深度聚焦   978 - 7 - 5675 - 6981 - 2   45.00   2017 年 11 月

嵌入式课程:特色课程的路径和方略

                    978 - 7 - 5675 - 6947 - 8   42.00   2017 年 11 月

特色学校聚焦丛书

每一个孩子都是一棵树   978 - 7 - 5675 - 6978 - 2   28.00   2018 年 1 月

教育不是一个人的事:"众教育"36 条

                    978 - 7 - 5675 - 7649 - 0   32.00   2018 年 8 月

不一样的生命,一样的精彩   978 - 7 - 5675 - 8675 - 8   34.00   2019 年 3 月

童味正醇:特色学校的文化图谱

                    978 - 7 - 5675 - 8944 - 5   39.00   2019 年 8 月

特色普通高中课程建设探索

                    978 - 7 - 5675 - 9574 - 3   34.00   2019 年 10 月

儿童是天生的探索者:360°科学启蒙教育

                    978 - 7 - 5675 - 9273 - 5   36.00   2020 年 2 月

做精神灿烂的教师:教师自我成长的5个密码

                    978 - 7 - 5760 - 0367 - 3   34.00   2020 年 7 月